BIBLIOTECA
HUMANIDADES

HISTÓRIA DA LITERATURA
TRAJETÓRIA, FUNDAMENTOS, PROBLEMAS

BIBLIOTECA
HUMANIDADES

Roberto Acízelo de Souza

HISTÓRIA DA LITERATURA

TRAJETÓRIA, FUNDAMENTOS, PROBLEMAS

2ª impressão

É Realizações
Editora

Copyright © 2014 by Roberto Acízelo Quelha de Souza
Copyright desta edição © 2018 É Realizações

Editor
Edson Manoel de Oliveira Filho

Coordenador da Biblioteca Humanidades
João Cezar de Castro Rocha

Produção editorial, capa e projeto gráfico
É Realizações Editora

Diagramação
Nine Design Gráfico | Mauricio Nisi Gonçalves

Preparação de texto
Vera Maria de Carvalho

Revisão
Cecília Madarás

Reservados todos os direitos desta obra. Proibida toda e qualquer reprodução desta edição por qualquer meio ou forma, seja ela eletrônica ou mecânica, fotocópia, gravação ou qualquer outro meio de reprodução, sem permissão expressa do editor.

CIP-Brasil. Catalogação na Fonte
Sindicato Nacional dos Editores de Livros, RJ

S715h
    Souza, Roberto Acízelo de, 1949-
        História da literatura: trajetória, fundamentos, problemas / Roberto Acízelo Quelha de Souza ; coordenação João Cezar de Castro Rocha. - 1. ed. - São Paulo : É Realizações, 2014.
        144 p. : il. ; 21 cm. (Biblioteca humanidades)

        Inclui índice
        ISBN 978-85-8033-186-8

        1. Literatura - Estudo e ensino. 2. Literatura - História e crítica. I. Rocha, João Cezar de Castro. II. Título. III. Série.

14-18208   CDD: 807
                                                             CDU: 82

27/11/2014   27/11/2014

É Realizações Editora, Livraria e Distribuidora Ltda.
Rua França Pinto, 498 · São Paulo SP · 04016-002
Telefone: (5511) 5572 5363
atendimento@erealizacoes.com.br · www.erealizacoes.com.br

Este livro foi impresso pela Gráfica Mundial para É Realizações, em julho de 2023. Os tipos usados são da família Minion Pro e Avenir Next. O papel do miolo é Offset 90 g., e o da capa, cartão Ningbo CS1 300 g.

SUMÁRIO

Nota Preliminar | 7

1. OS TERMOS DA QUESTÃO | 9

2. PANORAMA DOS ESTUDOS LITERÁRIOS
   As disciplinas antigas | 17
   A crítica literária | 18
   A história literária | 23
   A literatura comparada | 27
   A teoria da literatura | 30
   Os estudos culturais | 34
   Fundamentos | 37

3. A HISTÓRIA LITERÁRIA
   Uma disciplina moderna | 51
   A moldura historicista | 52
   As relações com a crítica | 56
   A missão nacionalista | 58
   Consolidação: gênero, disciplina, instituição | 60
   As crises | 61
   As revitalizações | 66
   A atualidade | 68

4. A FORMAÇÃO DAS HISTÓRIAS LITERÁRIAS NACIONAIS
   No mundo | 73
   No Brasil | 75

5. A HISTÓRIA LITERÁRIA E OS MÉTODOS DA HISTÓRIA
O problema da interdisciplinaridade | 91
Fato | 92
Valor | 93
Narratividade | 95

6. PERTINÊNCIA DA HISTÓRIA LITERÁRIA | 97

Glossário | 111
Obras citadas e sugestões de leitura | 129
Índice analítico | 139
Índice onomástico | 141

NOTA PRELIMINAR

Em parte, as seções componentes deste volume foram objeto de publicações parciais anteriores. As passagens que estão neste caso, no entanto, foram retocadas e devidamente adaptadas para a integração no conjunto que ora se apresenta.

Para o indispensável registro, eis as referências dos textos que reaproveitamos: "Brazilian Literary Historiography: Its Beginnings"/"Primórdios da Historiografia Literária Nacional";[1] "A Ideia de História da Literatura: Constituição e Crises";[2] "História da Literatura";[3] "Nota Preliminar";[4] "Nota Final: Em Defesa da História Literária";[5] "O Estudo do Passado Hoje;

---

[1] Roberto Acízelo de Souza, *Portuguese Literary & Cultural Studies*. Darmouth (MA), University of Massachusetts, vol. 4, n. 5, 2001, p. 541-48; João Cezar de Castro Rocha (org.), *Nenhum Brasil Existe*; *Pequena Enciclopédia*. Rio de Janeiro, Topbooks, 2003, p. 865-72; Roberto Acízelo de Souza, *Iniciação à Historiografia da Literatura Brasileira*. Rio de Janeiro, Eduerj, 2007, p. 29-40.

[2] Maria Eunice Moreira (org.), *História da Literatura; Teorias, Temas, Autores*. Porto Alegre, Mercado Aberto, 2003, p. 141-56.

[3] Roberto Acízelo de Souza, *Iniciação aos Estudos Literários; Objetos, Disciplinas, Instrumentos*. São Paulo, Martins Fontes, 2006, p. 90-109.

[4] Roberto Acízelo de Souza, *Iniciação à Historiografia da Literatura Brasileira*. Rio de Janeiro, Eduerj, 2007, p. 9-12.

[5] Roberto Acízelo de Souza, *Iniciação à Historiografia da Literatura Brasileira*. Rio de Janeiro, Eduerj, 2007, p. 149-53.

Na Área de Literatura Brasileira";[6] "Os Estudos Literários: Fim(ns) e Princípio(s)";[7] "A História da Literatura e a Formação do Especialista em Estudos Literários".[8]

---

[6] Alcmeno Bastos et al., *Estudos de Literatura Brasileira*. Belo Horizonte, Faculdade de Letras da UFMG, 2008, p. 13-36.
[7] Roberto Acízelo de Souza, "Os Estudos Literários: Fim(ns) e Princípio(s)". *Itinerários; Revista de Literatura*. Araraquara (SP), Faculdade de Ciências e Letras da Unesp, n. 33, jul./dez. 2011, p. 15-38.
[8] Marilene Weinhardt et al. (org.), *Ética e Estética nos Estudos Literários*. Curitiba, Ed. UFPR, 2013, p. 265-73.

CAPÍTULO 1
OS TERMOS DA QUESTÃO

A história da literatura é cronologicamente a primeira das realizações modernas no campo mais de duas vezes milenar dos estudos literários. Seus marcos inaugurais se situam no começo do século XIX, e logo ela se tornaria a referência básica no ensino das letras, mais ou menos de meados daquele século até a atualidade. Assim, se inicialmente se tratava de empreendimento intelectual arrojado e de ponta, em pouco tempo passou a integrar o sistema de educação nacional de diversos países, inserida que foi nos currículos como matéria escolar.

Desse acelerado percurso temos um bom exemplo brasileiro: em 1888 Sílvio Romero publica a sua *História da Literatura Brasileira*, obra situada nas fronteiras do conhecimento da época; poucos anos depois, em 1906, aparece sua redução didática, o *Compêndio de História da Literatura Brasileira*, manual destinado a subsidiar o ensino da disciplina nos colégios do País.

Hoje, por força da notoriedade que obteve como instituição pedagógica, o senso comum a conhece sob nomes de conjuntos sistemáticos de obras e autores referenciados a tradições linguístico-literárias nacionais, e por isso falamos com tanta naturalidade em *literatura brasileira, literatura portuguesa, literatura francesa*, etc., etc. Todos esses conceitos, assim, são produtos da história literária, cuja razão de ser originária foi justamente inventariar esses conjuntos, sistematizar seus elementos, analisá-los, avaliá-los e disponibilizá-los em grandes narrativas, materializadas em obras que em geral ostentam no título a expressão *História da literatura*, especificada por um adjetivo pátrio: *brasileira, portuguesa, francesa*, etc.

Um dos traços típicos da disciplina é certa inapetência por teorias, o que certamente está relacionado à sua feição muito mais narrativa do que dissertativa. Desse modo, com frequência as histórias literárias entram direto no assunto – o desenvolvimento histórico de certa tradição linguístico-literária nacional –, sem se preocupar por autojustificar-se como projeto disciplinar ou científico, nem tampouco em dar satisfações sobre sua metodologia e fundamentação conceitual. Às vezes, contudo, fazem preceder à parte essencial da exposição uma síntese dos princípios teóricos adotados, à maneira de preâmbulo, mas sempre de reduzidas proporções, se comparada com os capítulos propriamente nucleares que se lhe seguem.

Se tomarmos como exemplo três das principais histórias literárias nacionais oitocentistas, podemos verificar essa diferença de procedimentos. De Sanctis, na sua *Storia della Letteratura Italiana* (1871), reflete bem o típico pouco caso da disciplina por questões teóricas, e assim prefere iniciar diretamente pelos fatos que se propõe expor, dispensando quaisquer preliminares: "Acredita-se comumente que o mais antigo documento da nossa literatura é a cantinela ou canção de Ciullo [...] de Alcamo, e uma canção de Folcacchiero da Siena".[1] Taine, contudo, dotou de uma introdução teórica a sua *Histoire de la Littérature Anglaise* (1863), do mesmo modo que, mais tarde, o fez Lanson, no prefácio de sua *Histoire de la Littérature Française* (1894). Entre nós, Antonio Candido, na sua *Formação da Literatura Brasileira* (1959), contornou o dilema com uma solução engenhosa: faz preceder a parte principal da obra de uma introdução de natureza teórica, mas, numa nota de abertura, procura satisfazer aos gregos afeitos à teoria e aos troianos infensos a ela: "A leitura desta 'Introdução' é dispensável a quem não se interesse por questões de orientação crítica, podendo o livro ser abordado diretamente pelo Capítulo I".[2]

Ora, essa natureza refratária à problematização de suas próprias bases, essa resistência à reflexão, constitui um dos fatores que cremos justificar o presente ensaio, cujo propósito é justamente apresentar a ideia da disciplina, suas origens e percurso, bem como discutir-lhe os fundamentos conceituais e a metodologia.

Com esse objetivo, estrutura-se o ensaio em cinco capítulos. O primeiro se dedica a delinear um panorama dos estudos literários, assinalando, no horizonte dessa paisagem, o detalhe que corresponde à história da literatura. O segundo se propõe a ampliar esse detalhe, subtraindo-o ao cenário em que inicialmente o inscrevemos, a fim de que possamos reexaminá-lo em profundidade, numa perspectiva vertical.

---

[1] Francesco de Sanctis, *Storia della Letteratura Italiana*. Ed. Francesco Flora. [1871] Milano, Antonio Vallardi, 1950, p. 29.
[2] Antonio Candido, *Formação da Literatura Brasileira; Momentos Decisivos*. [1959] São Paulo, Martins, 1971, vol. 1, p. 23.

O terceiro ilustra o processo de formação das histórias literárias nacionais, tomando como exemplo o caso brasileiro. Segue-se capítulo ocupado com o importante problema das relações entre a teoria da história e a da história literária, e fecha-se o circuito com um outro consagrado a discutir a contribuição que porventura ainda se pode esperar da disciplina, numa época em que, como se sabe, depois de sua glorificação, ela se torna objeto de questionamentos radicais e devastadores.

Arrematemos agora esta breve introdução com duas observações.

A primeira diz respeito à diversidade das formas assumidas pela história da literatura.

Embora as grandes narrativas panorâmicas constituam suas versões mais acabadas e típicas, a disciplina também conhece outras manifestações. Assim, figuram no seu âmbito, por exemplo, certas antologias, edições eruditas de obras mais ou menos antigas e fora de circulação, estudos de motivações historiográficas sobre escritores específicos (como biografias), ensaios meta-historiográficos consagrados à caracterização de certa literatura nacional e sua história, ensaios críticos sobre obras ou autores específicos referenciados a esquemas da história literária do país (como a periodização literária e o conceito de nacionalidade), e ainda, para além de sua esfera tradicional – caracterização social e estética dos períodos, notícias crítico-biobibliográficas sobre autores cronologicamente ordenadas –, pesquisas documentais sobre o campo vasto e indeterminável da "vida literária": práticas de leitura; circulação de manuscritos, livros e impressos em geral; procedimentos de censura a obras literárias; processos de composição e uso social de acervos bibliográficos; relações entre oralidade e cultura letrada. Assinale-se, também, que, depois que a especialidade declinou de prestígio, passando a viver num processo de crise que parece crônica, as histórias literárias monumentais dos vários países praticamente deixaram de ser produzidas, ou não se renovaram (ainda que permaneçam como fontes de informações nada desprezíveis), e com isso ganham relevo no campo da disciplina, com a decadência do gosto pelos vastos murais, os estudos de tópicos particulares, como as reflexões sobre seus fundamentos teóricos e as análises de autores, obras e problemas específicos.

A segunda observação consiste num esclarecimento de natureza terminológica, envolvendo as expressões *história da literatura, história literária* e *historiografia literária*.

Há quem proponha uma distinção conceitual entre *história da literatura* e *história literária*. Vejam-se dois exemplos desse esforço:

O primeiro tomamos a Gustave Lanson, que define o que seria uma "História *literária* da França", cuja feição e objetivos julga distintos da "História *da literatura* francesa" que efetivamente ele próprio e outros já haviam elaborado:

> Poder-se-ia [...] escrever, ao lado desta "Histoire *de la Littérature* Française", ou seja, da produção literária, da qual temos exemplos suficientes, uma "Histoire *Littéraire* de la France" que nos faz falta e que é hoje quase impossível tentar realizar: quero dizer [...] o quadro da vida literária na nação, a história da

cultura e da atividade da multidão obscura que lia, bem como dos indivíduos ilustres que escreviam.[3]

O segundo encontramos em Antoine Compagnon, que por seu turno também pretende distinguir entre história *da literatura* e história *literária*, definindo assim a identidade de cada uma dessas circunscrições disciplinares supostamente distintas:

> Uma *história da literatura* [...] é uma síntese, uma soma, um panorama, uma obra de vulgarização e, o mais das vezes, não é uma verdadeira história, senão uma simples sucessão de monografias sobre os grandes escritores e os menos grandes, apresentados em ordem cronológica, um "quadro", como se dizia no início do século XIX; é um manual escolar ou universitário, ou ainda um belo livro (ilustrado) visando ao público culto. [...] a *história literária* designa, desde o final do século XIX, uma disciplina erudita, ou um método de pesquisa, *Wissenschaft*, em alemão, *Scholarship*, em inglês: é a filologia, aplicada à literatura moderna. [...] Em seu nome, empreenderam-se os trabalhos de análise, sem os quais nenhuma síntese (nenhuma *história da literatura*) poderia se constituir de forma válida [...]. Ela se consagra à literatura como instituição, ou seja, essencialmente aos autores, maiores e menores, aos movimentos e às escolas, e mais raramente aos gêneros e às formas. De certo modo, ela rompe com a abordagem histórica em termos causais [...], mas

---

[3] Lanson apud Antoine Compagnon, *O Demônio da Teoria; Literatura e Senso Comum*. [1998] Belo Horizonte, Editora UFMG, 1999, p. 204 (grifos nossos).

acaba, na maioria das vezes, por recair na explicação genética baseada no estudo das fontes.[4]

Tal distinção, contudo – aliás bastante fluida e especiosa, como se pode verificar pelos exemplos fornecidos pelo autor –, permanece longe de aceitação mais ampla. Pode-se assim dizer que as expressões *história da literatura* e *história literária* constituem designações diferentes para o mesmo conceito, e como tais as empregaremos ao longo do presente ensaio.

Quanto à expressão *historiografia literária* (ou *da literatura*), assinale-se que, embora não haja consenso no campo dos estudos históricos sobre o conteúdo conceitual dos termos *história* e *historiografia*, em certos contextos argumentativos convém estabelecer distinção entre as locuções *história da literatura* e *historiografia da literatura*, utilizando-se a primeira para designar *o fenômeno constituído pelos desdobramentos e transformações no tempo de uma entidade chamada literatura*, e reservando-se a segunda para nomear *o corpo de obras consagradas ao estudo desse fenômeno*. Ocasionalmente, contudo, dependendo de matizes semânticos do contexto específico das ocorrências, a palavra *história*, por causa de sua irredutível ambiguidade, pode aparecer – inclusive neste ensaio – não no sentido de *processo histórico*, mas sim com o significado de *estudo ou relato desse processo*, como sinônimo, portanto, de *historiografia*.

---

[4] Antoine Compagnon, op. cit., p. 199-200 (grifos nossos).

CAPÍTULO 2
PANORAMA DOS ESTUDOS LITERÁRIOS

As disciplinas antigas

A área universitária que chamamos hoje *estudos literários* remonta à Grécia pré-clássica. Seus integrantes, por conseguinte, são em certo sentido continuadores remotos da confraria que, entre gregos e latinos, se dedicava ao ensino das competências conexas de ler e escrever. Nela militavam desde humildes e simplórios mestres de primeiras letras – os gramáticos – até os detentores de uma ciência mais profunda dos textos – os críticos –, bem como os instrutores na arte sutil do bem dizer – os retóricos –, e ainda os estudiosos da poesia – em geral filósofos ou poetas –, e mais tarde os filólogos, guardiões da tradição escrita e editores eruditos. Os saberes dessa tribo ancestral de letrados, dado o reconhecimento social com que desde sempre contaram, vieram a sistematizar-se em circunscrições mais ou menos específicas, embora intimamente interligadas pela comunidade de objeto – a linguagem verbal nos seus diversos empregos e aspectos –, constituindo-se desse modo o quadro das disciplinas clássicas dos discursos: gramática, retórica, poética, filologia. A crítica, por sua vez, ainda não corresponde nesse período a espaço disciplinar autônomo, exercendo-se no âmbito das demais disciplinas, como adiante procuraremos esclarecer.

Sem alterações significativas, a fisionomia geral dessas subdivisões da área, definida desde o século III a. C., permaneceria estável até o século XVIII. Nesse momento, todavia, os estudos literários começam a ultrapassar sua longa fase clássica, dando sinais de sintonização com a modernidade que desponta. Por um lado, ao mesmo tempo que a retórica e a poética vão saindo de cena, e que a gramática e a filologia, abandonando o primitivo interesse na poesia enquanto tal, cada vez mais se concentram em problemas gramaticais *stricto sensu*, tem início o processo de autonomização da crítica; por outro lado, se não chega a declinar o apreço pelas letras antigas gregas e latinas, cresce o interesse pelas manifestações literárias expressas no vernáculo de cada país, o que logo dará origem às histórias literárias nacionais.

A crítica literária

Mas tratemos primeiro da ascensão da crítica.

Nas origens, a crítica não passava de uma prática bem singela e fortemente regulamentada, sendo apenas um exercício escolar conduzido por professores de letras, chamados, de modo mais ou menos indistinto, *gramáticos* e *filólogos*, ou então, naturalmente, *críticos*. Consistia numa abordagem escalonada de textos. Num primeiro estágio, tratava-se de verificar a fidedignidade das cópias em mãos dos alunos, pelo cotejo com a versão do mestre, pressuposta como genuína e confiável, não sendo difícil perceber o caráter especialmente estratégico dessa operação numa época em que a reprodução de escritos, como trabalho penoso e manual, permanecia vulnerável a muitos e diversos erros e enganos. Cumprida essa etapa mais mecânica, avançava-se para um segundo nível: leitura em voz alta, correção da prosódia, explicação das sentenças segundo seus sentidos literais e figurados, dedução das regras gramaticais. Feito isso, atingia-se por fim o ponto culminante do processo: o julgamento dos méritos da obra, tendo como critérios combinados sua capacidade de propor padrões de honra e virtude – os exemplos dos heróis e varões probos – e sua conformidade a modelos de gêneros chancelados pela autoridade da tradição, como epopeia, tragédia, comédia, ode, hino, etc.[1]

Essa concepção de crítica, como logo se percebe, se distancia bastante da noção que a partir da segunda metade do século XVIII passa a associar-se à palavra. A crítica à antiga, como vimos, mesmo no seu nível reservado à emissão do juízo, submete-se a preceitos que considera inquestionáveis, admitido o enraizamento deles em praxes coletivas tradicionalmente aceitas. Redimensionado à moderna, entretanto, o ato crítico, muito ao contrário, define-se exatamente como liberdade plena para questionar, realizando-se como análise de um texto conduzida sem a

---

[1] Cf. Henri-Irénée Marrou, *História da Educação na Antiguidade*. [1948] São Paulo, EPU/Edusp, 1973, p. 258-66, passim; Dionísio Trácio, *Gramática/Comentarios Antiguos*. Introdução, tradução e notas de Vicente Bécares Botas. Madrid, Gredos, 2002. Edição trilíngue grego/latim/espanhol, p. 35-36; Eudoro de Sousa, in: Aristóteles, *Poética*. Tradução, prefácio, comentário e apêndices de Eudoro de Sousa. Porto Alegre, Globo, 1966, p. 198-99.

limitação de ideias preconcebidas. Contar a história dessa prodigiosa transformação é cometimento a que por certo não nos candidatamos, mas podemos pelo menos indicar alguns pontos sumaríssimos pertinentes para a revelação desse enredo. Vejamos:

Nos séculos XVI e XVII, a velha *kritike tekhne* dos mestres helênicos, ou *ars critica*, conforme a tradução latina da expressão grega original, isto é, a técnica, perícia ou habilidade para a leitura acurada de textos, visando, entre outros objetivos, à verificação de autenticidade e aferição de mérito, passa a ser aplicada por eruditos à leitura da própria Bíblia.[2] Desse modo, o que há séculos mais não era do que uma prática intelectualmente acanhada – aferir a exemplaridade de composições particulares, mediante seu confronto com modelos genéricos ideais –, a partir da reforma protestante apresenta-se como ferramenta a serviço do livre exame do mais intangível de todos os textos, a Bíblia. Consagrado o precedente, a crítica, deixando de ser mero escrutínio de obras literárias reverente a convenções tidas por intocáveis, torna-se investigação analítica e racional não apenas de produções textuais, mas de objetos os mais variados, como a religião, o conhecimento, a história, o gosto, a moral. Alcança assim o século XVIII radicalmente reconcebida, ao mesmo tempo instrumento e produto da modernização que se aprofunda e se acelera: instala-se no âmago da filosofia, processo de que as três *Críticas* kantianas são talvez o maior

---

[2] Cf. René Wellek, "Termo e Conceito de Crítica Literária" [1963]. In: *Conceitos de Crítica*. São Paulo, Cultrix, s. d., p. 31; Guy Bourdé e Hervé Martin, *As Escolas Históricas*. [Lisboa], Europa-América, s.d. [1983], p. 64.

símbolo; deixa de ser estranha ao senso comum, por força da crescente democratização política e cultural decorrente da revolução burguesa e da propagação das luzes; enfim, sob o influxo convergente das ideias românticas em ascensão e de um ramo então novo da filosofia – a estética –, aplica-se ao campo das artes, primeiro à literatura, ao teatro e às artes plásticas, e um pouco depois também à música.

Fechemos agora bastante o nosso foco: no início do século XIX já é possível falar em *crítica literária* no sentido moderno da expressão. Podemos caracterizar essa passagem – da crítica antiga para a moderna – como um processo de desregulamentação: o exercício da crítica deixa de pautar-se pelos regulamentos da trindade clássica das disciplinas dos discursos – gramática, retórica, poética –, colocando-se em condições pois de reivindicar sua autonomia; simultaneamente, torna-se uma questão em boa parte dependente do arbítrio do crítico, ou então, o que é quase a mesma coisa, do gosto, algo cujos critérios a estética se esforçava por estabelecer.

Parece que a crítica desde então passa a dividir-se entre esses dois projetos alternativos e dificilmente conciliáveis: tornar-se disciplina acadêmica com luz própria, isto é, não mais dependente da preceptiva literária pré-moderna; transformar-se em livre comentário de obras literárias, baseado em preferências subjetivas e alheias a lastros conceituais.

O primeiro projeto, naturalmente, implica restaurar a regulamentação da crítica. Sua manifestação inaugural ocorre lá pelas décadas de 1870-1880, quando se apresenta a proposta de que a disciplinarização da atividade crítica se fizesse mediante a fundamentação dos seus conceitos na psicologia e na sociologia, ciências então emergentes e como tal supostamente habilitadas para transformar a crítica também numa ciência. Outros esforços no mesmo sentido se fariam século XX afora, sob a forma de sugestões para importação pela crítica literária de métodos e conceitos oriundos da linguística, da antropologia, da psicanálise. O resultado desses programas e empenhos, no plano institucional, foi transformar a expressão *crítica literária* num vago sinônimo de *estudos literários* ou de *teoria da literatura*, muito embora, até onde nos foi possível constatar, isso não tenha garantido sua circulação irrestrita na terminologia acadêmica *stricto sensu*.

O segundo projeto, por seu turno, determinou a inserção da crítica literária no domínio discursivo do jornalismo. De fato, jornais e revistas, que de resto se firmaram no mesmo momento histórico em que emerge a crítica moderna, revelaram-se, por sua tendência para a ligeireza e o generalismo, bem como por seu compromisso com o presente, espaços particularmente receptivos à veiculação da crítica, praticada num espectro que ia desde a mera notícia sobre as novidades literárias até o comentário pessoal e muitas vezes extenso a respeito dos livros recém--lançados. Desenvolveu-se assim o que entre nós veio a chamar-se "crítica de rodapé", por constituir matéria publicada na parte inferior das páginas dos jornais, numa seção relativamente apartada do noticiário geral predominante naqueles veículos. Por outro lado, esse segundo projeto suscitou o chamado "impressionismo crítico", movimento articulado em torno da década de 1880 em defesa da desregulamentação e pois da subjetividade irredutível dos juízos de valor sobre a produção literária, supostas conquistas então ameaçadas pela montante, antes aqui mencionada, de uma crítica científica de bases psicossociológicas.

O resultado dessa dualidade de projetos é que a crítica literária nunca chegou a instituir-se plenamente como disciplina acadêmica, pelo menos não tanto quanto as histórias literárias nacionais, de que passamos a nos ocupar a seguir.

A *história literária*

As histórias literárias nacionais, de fato, praticamente já se definem no interior do sistema acadêmico, e certamente um dos fatores que as credenciaram para tal terá sido sua proposta de distância em relação às aderências de subjetividade e arbítrio próprios da crítica, atributos que obstaram sua assimilação pela academia. A propósito disso, não deixa dúvidas uma declaração programática emitida por um dos fundadores da nova disciplina: "Nada tenho a ver com o julgamento estético [...], não sou um poeta, nem um crítico de Belas-Letras. [...] [O historiador] mostra [...] os produtos poéticos a partir de uma época, do círculo das ideias, [...] procura as causas, os modos de ser e seu efeito [...].[3]

Este é, então, o primeiro traço desse novo ramo dos estudos literários: sua pretensão de objetividade, seu alheamento aos valores estéticos, sua identificação com certo conceito de ciência.

---

[3] Gervinus apud Regina Zilberman, "Teoria da Literatura, Universidade e Sujeito da Enunciação". In: José Luís Jobim et al. (org.), *Lugares dos Discursos Literários e Culturais*. Niterói (RJ), Eduff, 2006, p. 274.

O segundo traço, obviamente, já que falamos de *história* literária, é a sua inserção no historicismo, isto é, seu compromisso de, nos termos do trecho acima citado, "mostra[r] os produtos poéticos a partir de uma época", ou, dizendo de outro modo, explicá-los à luz de uma periodização, de uma diacronia. Eis aí uma ideia que, depois de aceita e difundida, estava destinada a banalizar-se, mas que constitui novidade radical quando da sua proposição. Afinal, esse entendimento da poesia se confrontava com a tradição antiga e clássica, segundo a qual as obras poéticas habitariam uma região fora do tempo, se situariam acima das contingências, enfim, não seriam afetadas pela história, já que produzidas à imagem de modelos de validade tida por eterna. Essa concepção ainda encontramos formulada em sínteses tardias do século XIX, não obstante a aguda consciência então alcançada sobre a instabilidade dos arranjos do mundo, no plano da cultura e até da natureza, fruto do lugar de destaque na época reservado na hierarquia dos saberes ao conhecimento de base histórica. Nesse sentido, assim se pronuncia em 1872 um respeitado professor brasileiro:

> O gosto é arbitrário em muitas cousas, v. gr., nos manjares, vestuários, móveis, etc.; porém absoluto e invariável quando se trata das maravilhas da natureza, ou das produções do espírito humano. Ninguém dirá que não gosta dum dia de primavera, da *Eneida* de Virgílio, ou dum quadro de Rafael.[4]

---

[4] Joaquim Caetano Fernandes Pinheiro, *Postilas de Retórica e Poética*. Rio de Janeiro, B. L. Garnier, [1872], p. 172.

Por fim, um terceiro traço caracteriza a história literária como disciplina: sua segmentação segundo as nacionalidades, e por conseguinte seu alinhamento com projetos políticos nacionalistas, quando não com sentimentos abertamente patrióticos. Não havia antes, nos estudos literários, essa determinação pelo elemento nacional; nunca existiu, por exemplo, retórica *francesa* ou retórica *alemã*, mas simplesmente *retórica*; nem poética *espanhola* ou poética *italiana*, mas tão somente *poética*.[5] A história literária, porém, diferentemente, será história da literatura *brasileira*,

---

[5] Não obstante, tão forte tornou-se no século XIX a orientação pelo nacionalismo que em Portugal e no Brasil, por exemplo, diversos tratadistas de retórica e poética se propuseram "nacionalizar" essas disciplinas, o que, contudo, na prática não se realizou, considerando sua própria natureza de saberes resistentes a apropriações nacionalistas. É o caso das seguintes obras, cujos títulos não deixam dúvidas: *Lições Elementares de Eloquência Nacional* (1834), de Francisco Freire de Carvalho; *Lições de Eloquência Nacional* (1846), de Miguel do Sacramento Lopes Gama; *Sinopse de Poética Nacional* (1859), de Manuel da Costa Honorato; *Nova Retórica Brasileira*, de Antônio Marciano da Silva Pontes; *Sinopse de Eloquência e Poética Nacional* (1861), de Manuel da Costa Honorato; *Elementos de Retórica Nacional* (1869), de Luís José Junqueira Freire. Lopes Gama, aliás, não ficou só nas intenções declaradas no título, tendo chegado a teorizar a respeito: "[...] a Eloquência, que temos de estudar, não é a Eloquência em geral, senão a Eloquência nacional, é a Eloquência aplicada ao nosso idioma, aos nossos usos, e costumes, à nossa legislação, à nossa forma de Governo. Grandes Mestres foram sem dúvida, e sempre o serão, Aristóteles, Cícero e Quintiliano, mas nem eles escreveram para os nossos tempos, nem a mor parte dos preceitos da Elocução Grega e Latina se pode aplicar à Elocução Portuguesa. As línguas são os instrumentos de que se serve a Eloquência para instruir, comover, arrebatar e deleitar; e ninguém dirá que preceitos dados para línguas, que hoje são mortas, sejam aplicáveis à nossa; que seja em suma eloquente em Português quem só estudou as regras da Retórica dos precitados Aristóteles, Cícero e Quintiliano" (Miguel do Sacramento Lopes Gama, *Lições de Eloquência Nacional*. Rio de Janeiro, Tipografia Imparcial de F. de Paula Brito, 1846, vol. 1, p. i-ij).

história da literatura *portuguesa*, história da literatura *argentina*, e assim por diante.

Essa orientação dos estudos literários para as particularidades nacionais na verdade até precede à constituição da história literária como disciplina. É que desde o século XVI se verifica um crescente interesse dos eruditos por suas respectivas línguas vernáculas, em detrimento da atenção exclusiva ao grego e ao latim.[6] Em Portugal, por exemplo, já em meados do século XVIII o abade Barbosa, na abertura da sua *Biblioteca Lusitana*, concebe a obra como homenagem ao seu país, como empenho de exaltar-lhe as glórias: "Seguindo os vestígios de tão grandes Varões me animei em obséquio da Pátria escrever a Biblioteca Universal de todos os nossos Escritores [...]".[7] No entanto, só a partir do século XIX é que a perspectiva nacionalista se impõe nos estudos literários, tornando-se de resto indissociável da própria definição da história da literatura como disciplina. Embora essa perspectiva não se evidencie necessariamente por declarações pontuais, visto que perpassa e sustenta toda a concepção das obras do gênero, vejamos alguns casos de explicitação desse fundamento, encontrados em três fases da produção brasileira na área.

Em 1829, Januário da Cunha Barbosa, com o entusiasmo e a ênfase próprios do seu tempo, define o objetivo da nossa história da literatura, num dos seus esboços inaugurais: "[...] oferecer ao conhecimento

---

[6] Cf. Erich Auerbach, "A Filologia e suas Diferentes Formas". In: *Introdução aos Estudos Literários*. [1944] São Paulo, Cultrix, 1970, p. 30.
[7] Diogo Barbosa Machado, "Prólogo". In: *Biblioteca Lusitana; Histórica, Crítica e Cronológica*. Lisboa Ocidental, Oficina de Antônio Isidoro da Fonseca, 1741, vol. 1, p. 32.

do mundo as memórias dos ilustres brasileiros, que fazem honra à literatura nacional".[8] Quase sessenta anos depois, na obra que representa a consolidação da disciplina, é a vez de Sílvio Romero afirmar sobre seu trabalho: "A aplicação ao Brasil é a preocupação constante; as considerações etnográficas, a teoria do *mestiçamento*, já físico, já moral, servem de esteios gerais [...]".[9] Enfim, no livro que terá sido talvez a última grande realização da história literária brasileira, diz Antonio Candido, num registro sóbrio e autocrítico certamente contrastante com o ufanismo de Januário, mas nem por isso menos imbuído de espírito nacional: "Comparada às grandes, a nossa literatura é pobre e fraca. Mas é ela, não outra, que nos exprime. Se não for amada, não revelará a sua mensagem; e se não a amarmos, ninguém o fará por nós".[10]

A literatura comparada

Referido o conjunto das disciplinas antigas e, entre as modernas, apresentadas primeiro a crítica e depois a história literária, passemos à literatura comparada.

É possível caracterizar pelo menos três concepções de literatura comparada bem distintas entre si.

Inicialmente, temos o próprio projeto originário da disciplina, formulado em meados do século XIX,

---

[8] Januário da Cunha Barbosa, *Parnaso Brasileiro*. Organização, edição, notas e apresentação de José Américo Miranda. Belo Horizonte, Faculdade de Letras da UFMG, 1999 [1829-1832], p. 33.
[9] Sílvio Romero, "Prólogo" da Primeira Edição. In: *História da Literatura Brasileira*. [1888] Org. Luiz Antonio Barreto. Rio de Janeiro, Imago; Aracaju, Universidade Federal de Sergipe, 2001, vol. 1, p. 51.
[10] Antonio Candido, *Formação da Literatura Brasileira; Momentos Decisivos*. [1959] São Paulo, Martins, 1971, p. 10.

que a definiu como "um ramo da história literária",[11] ou, mais especificamente, como "história das relações literárias internacionais".[12] Ela teria sido assim um natural desdobramento do historicismo nacionalista, na suposição de que, para ressaltar o caráter nacional de certa tradição literária, o meio mais imediato e eficaz seria contrastá-la com outra literatura nacional.

A segunda concepção resultou de uma insatisfação com o modelo inaugural mencionado. Quem a formula é René Wellek num ensaio-manifesto famoso. Inicialmente, ele faz o diagnóstico do mal que estaria acometendo a disciplina: "Uma demarcação artificial de temas e metodologia, um conceito mecanicista de fontes e influências, uma motivação por nacionalismo cultural, por mais generosa que seja – parecem-me sintomas da crise da literatura comparada há muito deflagrada".[13] Em seguida, prescreve o remédio:

> [...] a erudição literária não fará nenhum progresso, metodologicamente, a menos que determine estudar a literatura como um assunto distinto de outras atividades e produções do homem. Em consequência devemos encarar o problema da "literariedade", e o ponto central do debate da estética, a natureza da arte e da literatura.[14]

---

[11] Jean-Marie Carré, in: Marius François Guyard, *A Literatura Comparada*. [1951] São Paulo, Difusão Europeia do Livro, 1956, p. 7.
[12] Guyard, op. cit., p. 15.
[13] René Wellek, "A Crise da Literatura Comparada" [1959]. In: *Conceitos de Crítica*. São Paulo, Cultrix, s. d., p. 250.
[14] Ibidem, p. 253.

Uma terceira concepção enfim se delinearia por volta da década de 1980, resultante também de um propósito de reorientação radical dos conceitos, métodos e finalidades do comparativismo literário. Vejamos uma síntese programática desta terceira concepção:

> A literatura comparada deveria estar ativamente engajada no estudo comparativo da formação do cânone, bem como na reconcepção dele. Também deveria dar atenção ao papel de leituras não canônicas de textos canônicos, empreendidas a partir de diversas perspectivas constestadoras, marginais ou subalternas. O esforço para produzir tais leituras, a que se atribuiu recentemente proeminência na teoria feminista e pós-colonial, por exemplo, complementa a investigação crítica do processo de formação do cânone – como os valores literários são criados e conservados numa determinada cultura –, e revitaliza a tentativa de expandir cânones.[15]

Como se vê, o *status* da literatura comparada como disciplina revela-se historicamente bastante problemático, e parece constitutivo de seu próprio projeto uma espécie de crônica vacilação identitária. Assim, na sua origem, julgava-se parte da história literária, uma vez que se propunha a estudar as relações entre distintas tradições literárias nacionais; depois, tende a diluir-se na teoria da literatura, ao se dispor assimilar o conceito básico desta, a literariedade; por fim,

---

[15] *The Bernheimer Report* [1993]. In: Charles Bernheimer (ed.), *Comparative Literature in the Age of Multiculturalism*. Baltimore/London, The Johns Hopkins University Press, 1995, p. 44. A exemplo deste, os demais textos em língua estrangeira citados se apresentam em traduções nossas.

reorientando seus interesses para a ideia de cânone, aproxima-se dos estudos culturais, pretendendo mesmo deixar absorver-se por estes.

A teoria da literatura

Embora aquisição oitocentista, as histórias literárias nacionais penetrariam século XX adentro. Já na década de 1910, no entanto, aparecem os primeiros sinais que anunciam a constituição de uma nova circunscrição no âmbito dos modernos estudos literários, destinada a situar-se a par da crítica e da história literária. Encontramo-la reclamada, por exemplo, por José Enrique Rodó, num artigo de 1908: "Um dos intentos meritórios em que poderia provar-se o desinteresse e a abnegação dos espíritos de alta cultura literária seria o de escrever para os estudantes um texto elementar de teoria de literatura".[16]

Essa nova disciplina – a teoria da literatura –, a configurar-se num livro fundador, teria por missão, conforme Rodó, "a *educação* da sensibilidade estética e do gosto",[17] cabendo-lhe valorizar "o variadíssimo conteúdo da atividade literária própria da civilização e cultura modernas, segundo uma ordem fundamentada nas formas que realmente vivem" (ibidem, p. 516), assim promovendo a aposentadoria da retórica, por seu apego a hierarquias extintas e consequente incapacidade para lidar com os gêneros pós-clássicos,

---

[16] José Enrique Rodó, "O Ensino da Literatura" [1908]. In: Roberto Acízelo de Souza (org.), *Uma Ideia Moderna de Literatura; Textos Seminais para os Estudos Literários (1688-1922)*. Chapecó (SC), Argos, 2011, p. 514.
[17] Ibidem, p. 516.

como, por exemplo, o romance. Por outro lado, ela daria o tom da formação literária, pois, embora não se propondo demitir a história da literatura, lhe caberia reduzi-la a mero complemento no processo, sob a forma de "um texto [...], parco em nomes e juízos bibliográficos, [...] em que se atendesse devidamente à relação da atividade literária com os caracteres de raça, de país, de sociabilidade, de instituições, que concorrem para imprimir o selo à literatura de cada nação e de cada época".[18]

Eis então uma plataforma para a teoria da literatura formulada em 1908. Pode ser até que a tal obra didática destinada a instituir a disciplina, segundo a aspiração de Rodó, já tivesse sido escrita sem o seu conhecimento, pois que em língua sem curso no Ocidente, e, se procede a hipótese, seria o livro *Notas para uma Teoria da Literatura*, publicada pelo russo Alexander Potebnia, em 1905. Pode ser ainda que viesse a sair alguns anos depois, e nesse caso seria a obra justamente intitulada *Teoria da Literatura*, que aparece em 1925, tendo por autor outro russo, Boris Tomachevski. Mas o certo é que em 1949 aparece um tratado acadêmico que corresponde plenamente ao projeto do autor uruguaio formulado mais de quarenta anos antes. Referimo-nos ao *Teoria da Literatura*, de René Wellek e Austin Warren, obra que, sumarizando e harmonizando conceitos provenientes de algumas correntes que na primeira metade do século XX vinham renovando os estudos literários – especialmente o formalismo russo e o *new criticism* anglo-americano –, com o reconhecimento e prestígio que

[18] Ibidem, p. 517.

logo granjeou, acabou contribuindo de modo poderoso para a institucionalização acadêmica da nova disciplina mundo afora.

A teoria da literatura assim se inscreve no circuito do ensino e começa a buscar o seu espaço. Terá nas histórias literárias nacionais um grande adversário, que jamais chegou a derrotar inteiramente, até porque na verdade nunca se propôs a isso, antes se contentando com solução de compromisso, desde que, porém, detivesse a primazia, pretensão aliás claramente explicitada no projeto de Rodó antes referido. No mais, rejeitando o entendimento romântico-realista de literatura como representação, que avalizava os estudos de orientação nacional desenvolvidos pela história literária, adotou a concepção modernista de arte literária como autorreferência. Desse modo, distanciou-se da história literária, ao desinteressar-se pelos estudos da nacionalidade, para concentrar-se na investigação da literariedade, conceito que criou, definindo-o como um universal trans-histórico constitutivo dos textos literários. Por outro lado, tomando literariedade como uma noção antes descritiva do que valorativa, procurou por esse meio guardar distância também da crítica literária. Delineou-se assim como um discurso sobre a literatura que, "não sendo avaliação dos méritos relativos das produções literárias, história intelectual, filosofia moral, epistemologia [...], mas tudo isso amalgamado num novo gênero",[19] estava destinado a constituir disciplina universitária de fisionomia complexa e

---

[19] Richard Rorty, "Professionalized Philosophy and Transcendentalist Culture". In: *Consequences of Pragmatism; Essays (1972-1980).* [1982] Minneapolis, University of Minnesota Press, 1991, p. 66.

resistente a caracterizações minimamente consensuais, ficando pois muito longe de cumprir a tarefa de "organizar" os estudos literários para os novos desafios do século XX, missão que lhe atribuíram Rodó e seus primeiros tratadistas, entre eles René Wellek e Austin Warren.

Seja lá como for, ainda que muitas vezes deixando perplexos não só os alunos, mas também professores, por sua natureza abstratizante e problematizadora, por seus desenvolvimentos nem sempre assinalados por economia e clareza metodológica e conceitual, o fato é que a teoria da literatura foi ganhando espaço. No sistema educacional brasileiro, estreia na década de 1960,[20] e passa a concorrer com literatura nacional, disciplina que a precedia exatamente de um século, ensinada que era entre nós desde 1860. Assim, se no começo não conseguiu fazer sombra à sua concorrente centenária, a partir de meados da década de 1970 já é a principal referência acadêmica na área dos estudos literários, e sua carreira vertiginosa aliás coincidiu com a estruturação da pós-graduação em Letras nas universidades brasileiras, onde seu ensino passaria a ter um lugar de destaque amplamente reconhecido.

---

[20] Há no entanto vagos registros de ensino anterior da disciplina no Brasil, nas décadas de 1930 – na extinta Universidade do Distrito Federal, que funcionou no Rio de Janeiro de 1935 a 1939 – e de 1950, em outra instituição igualmente denominada Universidade do Distrito Federal, antecessora da atual Universidade do Estado do Rio de Janeiro. Por outro lado, três manuais didáticos dos anos de 1930 e 1940 atestam a presença da disciplina, não obstante a orientação nitidamente retórica que os caracteriza: *Teoria da Literatura* (1935), de Estêvão Cruz; *Princípios Elementares de Literatura*, subintitulado "teoria literária", de Augusto Magne; *Teoria da Literatura* (1944), de Antônio Soares Amora.

Mas os "anos de glória"[21] da disciplina parece que não foram tantos. Já na década de 1990, se vinte anos antes a teoria da literatura tinha comprometido a hegemonia da literatura nacional, agora era a sua vez de ficar na linha de tiro. E os disparos vieram de uma novidade, que responde pelo nome de *estudos culturais*.

Os estudos culturais

Estes, por sua vez, têm origem na Inglaterra dos anos de 1950 e 1960. Seu impulso inicial provém do interesse então demonstrado por certos acadêmicos britânicos por manifestações culturais das classes trabalhadoras, tradicionalmente desconsideradas pelos estudos literários. Forja-se assim a expressão *cultural studies*, que se propunha nomear uma área de investigação constituída por certo conjunto de objetos heterogêneos não levados em conta pelas histórias literárias nacionais, pela crítica literária e pela teoria da literatura, como, para citar alguns, a mídia, a música popular, os filmes, os programas de televisão, os espetáculos esportivos. Transposta para os Estados Unidos, a atitude culturalista sofreria uma inflexão: desloca a ênfase dada pelos ingleses nas diferenças culturais provocadas pela estratificação social do mundo contemporâneo para a diversidade cultural produzida por distinções de gênero e etnia.

Partindo dessa premissa de que não há propriamente *a* cultura, porém *culturas*, os estudos culturais

---

[21] Antoine Compagnon fala no "momento de glória" da disciplina (referindo-se à sua situação na França durante as décadas de 1960 e 1970).

propuseram uma ampla revisão do chamado *cânone*, isto é, o conjunto das grandes obras literárias reconhecidas por seus supostos valores universais. Assim, por exemplo, o *Dom Quixote* seria importante para certos segmentos sociais, algumas épocas e determinados países, mas pode simplesmente não dizer nada a um indígena norte-americano, que, em troca, terá todo o direito de identificar-se com as tradições orais do seu povo.

Consequência disso é que, para um culturalista, não procede o conceito universal de "literatura", sequer o de "literatura nacional", pois existiriam tantos segmentos literários quantos são as instâncias sociais diferenciadas produtoras de cultura, havendo portanto, para citar alguns exemplos, uma "literatura de mulheres", outra de *gays*, uma terceira de afro-americanos e assim por diante. A história da literatura e a teoria da literatura restam assim sem função, por não se lhes reconhecer objeto, e a crítica literária, por sua vez, também se vê revogada, dado que não existiria qualquer relação hierárquica entre essas inumeráveis subdivisões da literatura, tampouco distinções de mérito entre as obras que as constituem, pela circunstância de que a ideia de valor estético não poderia ser postulada nesse ambiente conceitual sobredeterminado pelo relativismo.

Por outro lado, os estudos culturais também contestam a divisão do conhecimento por especialidades, divisão cujo fim seria conferir aos especialistas controle absoluto sobre suas respectivas áreas, o que favoreceria discriminações e hierarquias. Assim, não se apresentam propriamente como disciplina, mas como um campo de cruzamentos em que contracenam os mais variados aportes conceituais das ciências humanas, como antropologia, sociologia, psicanálise, história, linguística e – por que não – teoria, crítica e história literárias. Os estudos culturais, desse modo, constituiriam a realização mais plena do ideal da transdisciplinaridade, ao mesmo tempo que, em guarda contra o que consideram essencialismo e imanentismo de todas as teorias, proclamam o primado da militância ético-política sobre a intransitividade da reflexão teórica e analítica.

Por fim, como os estudos culturais não negam a literatura, mas apenas a inscrevem, sem qualquer direito especial, numa trama de produtos os mais variados, podemos tentar depreender o conceito que dela fazem. A chave talvez possa ser o tipo de segmentação a que o culturalismo submete a literatura. Assim, se há uma "literatura de mulheres", por exemplo, podemos supor que essa produção se define por deixar transparecer uma identidade, ou, dizendo de outro modo, por ser representativa do feminino, por ser sintoma dessa condição. Isso configura um entendimento de literatura como representação, donde um certo pouco caso com a espessura verbal das obras literárias, num virtual retorno a concepções oitocentistas, com a diferença de que as obras agora não documentariam caracteres nacionais unificados, porém inúmeras identidades de grupos considerados marginais ou não hegemônicos. Contudo, paralelamente à assunção desse conceito de literatura como transparência referencial, os estudos culturais também participam de um difuso princípio construtivista ora em vigor nas ciências humanas, e insistem pois na tese de que todos os artefatos culturais – literatura naturalmente aí incluída – são construções contingentes e arbitrárias, e que, como tal, não podem ser tomados como naturais portadores de referencialidade. Salvo demonstração em contrário, nessa composição entre confiança na representação e suspeita de fundo construtivista instala-se, no centro dos estudos culturais, uma contradição que não tem sido reconhecida, e muito menos enfrentada.

Fundamentos

Até aqui, reconstituímos o percurso dos estudos literários, situando suas realizações históricas antigas – gramática, retórica, poética, filologia – e nos estendendo um pouco mais nas modernas – crítica, história literária, literatura comparada, teoria da literatura e estudos culturais. Transitemos agora da reconstituição historiográfica para uma reflexão sobre os fundamentos e objetivos dessas disciplinas; assim, da descrição das origens e desenvolvimento delas, passemos a considerar sua razão de ser, ou, dizendo de outro modo, tentemos identificar as demandas sociais a que correspondem.

O imóvel presente

No mundo antigo, vários fatores convergiram para a ascensão dos estudos literários.

Um primeiro se encontra na introdução e generalização do uso da escrita na vida cotidiana. A educação respondeu a esse fato, e assim, se nos primórdios se concentrava na ginástica e na música, pretendendo formar o aristocrata guerreiro, com a difusão da escrita reorientou-se para a formação de indivíduos aptos a escrever e ler, habilidades correlatas que se tornaram objeto de ensino e aprendizagem sob o nome de *gramática*:

> [...] o papel da cultura física continua a apagar-se progressivamente em proveito dos elementos propriamente espirituais, e, no interior destes, o aspecto artístico e notadamente musical cede definitivamente o passo aos elementos literários: a educação [...] torna-se mais livresca [...]. A mudança acaba de verificar-se na direção [...] de uma educação de escribas.[22]

Não menos importante para a instauração de um ambiente propício ao apreço pelos estudos literários, e de resto estreitamente relacionado à valorização do livro, era a estima pela poesia, entendida não como gratuidade estética, mas como reserva de probidade e elevação de espírito. Assim, na Antiguidade, considera-se

> [...] o conhecimento dos poetas um dos atributos principais do homem culto, um dos valores supremos da cultura. Basta folhear os autores antigos para perceber quanto era real e obsessiva a presença dos poetas na vida dos letrados. Seja na conversação, seja na correspondência familiar ou nas circunstâncias graves, propícias às falas históricas, por toda parte e sempre intervém a citação tópica: ela é esperada, acolhida, necessária!.[23]

---

[22] Henri-Irénée Marrou, op. cit., p. 153-54.
[23] Ibidem, p. 266.

Não é de estranhar, pois, que uma tal sociedade tenha consagrado espaços intelectuais para o tratamento da poesia. Em primeiro lugar, é claro, a própria poética, mas também a gramática e a retórica, sempre pródigas na fixação dos seus preceitos com exemplos tomados aos poetas, e também naturalmente a filologia, dedicada a perpetuar a glória dos poetas mediante a restauração, preservação e explicação dos seus textos.

A retórica, por sua vez, segundo hipótese amplamente aceita, teria correspondido inicialmente a demanda social bem concreta e específica: na Magna Grécia, no século V a. C., após um ciclo de confisco estatal de propriedades rurais, uma rebelião impõe o retorno à situação anterior, e com isso abrem-se processos em que se constituem grandes júris populares. A necessidade de eficiência na sustentação oral das causas teria então dado origem à primeira sistematização de suas técnicas, conferindo-lhe o *status* de uma perícia muito valorizada socialmente e, assim como a gramática, passível de ensino e aprendizagem na base de exercícios intensivos devidamente dirigidos pelos mestres.[24] Depois, segundo um processo perfeitamente previsível e num certo sentido natural, a retórica, além de técnica destinada à composição e execução de discursos orais públicos aptos à persuasão dos auditórios, passaria a interessar-se também pela eficiência e elegância de todo tipo de manifestação verbal, orais ou escritas, tanto produzindo esquemas para a elaboração de textos quanto oferecendo modelos para a análise dos vários gêneros

---

[24] Cf. Roland Barthes, "A Retórica Antiga" [1970]. In: Jean Cohen et al., *Pesquisas de Retórica*. Petrópolis (RJ), Vozes, 1975, p. 151.

discursivos. Alcançaria tamanho prestígio esta assim chamada "arte de bem dizer" que seu espírito acabaria por dominar toda a concepção das letras dos períodos antigo e clássico, conservando uma estabilidade que só começa a romper-se no curso do século XVIII.

Tais são, em síntese ligeira, os princípios sobre que se assentaram os estudos literários antigos e clássicos. E o que muda, a ponto de suspender-lhes a vigência, determinando-se assim, se não a falência total, certamente a recessão da retórica e da poética, a partir da virada do século XVIII para o XIX? Resposta analítica e minuciosa a esta questão extrapolaria de muito os nossos objetivos, razão por que, para respondê-la, vamo-nos concentrar num ponto único, porém essencial, a saber, a ideia de *clássico*:

> [O clássico] opõe-se às culturas revolucionárias e inovadoras projetadas para a frente num grande ímpeto criador: repousa na pacífica posse de um tesouro considerado, no essencial, como adquirido. Não se deve dizer [...] que a cultura clássica "nasceu com a cabeça virada para trás", olhando para o passado: ela não é como um outono, torturado com a lembrança nostálgica da primavera desaparecida. Ela se imagina antes de tudo como firmemente estabelecida num imóvel presente, em plena luz de um quente sol de verão. Ela sabe, ela repousa; os mestres estão ali. Pouco importa que eles hajam aparecido em tal ou qual momento do passado, sob o efeito de tal ou qual força histórica: o importante é que existam, que novamente os descubra, da mesma maneira, cada uma das gerações sucessivas, que sejam reconhecidos, admirados, imitados.

Uma cultura clássica define-se por um conjunto de grandes obras-primas, fundamento reconhecido da escala dos valores.[25]

Claro está que "culturas revolucionárias e inovadoras projetadas para a frente num grande ímpeto criador" define perfeitamente o conceito de modernidade, nova configuração da vida social que liquidaria por completo com aquele "imóvel presente", aparente receptáculo neutro do espírito retórico, mas no fundo produto engendrado por esse mesmo espírito.

Essa sensação de estabilidade, que resume os princípios da disciplinarização clássica das letras, dotou os estudos literários, durante um extensíssimo período que chega a alcançar o século XIX, quando ela ainda vigora residualmente, de uma autoconfiança e otimismo que, vistos de hoje, muito nos espantam. Ouçamos a propósito um professor oitocentista brasileiro, num pronunciamento datado de 1870, e vejamos a força prodigiosa que ele atribui à sua matéria, em evidente contraste com as concepções do nosso tempo, quando a educação literária se revela sistematicamente tão insegura quanto aos seus métodos, fundamentos e objetivos:

> Desde os primeiros tempos a retórica tem ocupado um lugar distinto na literatura, como estudo da maior importância, particularmente nos governos representativos. [...]
>
> É útil a retórica tanto aos que pretendem ser escritores, como também aos que não se destinam a isso,

---

[25] Henri-Irénée Marrou, op. cit., p. 253.

pois as mesmas regras que servem ao autor para a composição de sua obra, poderão servir ao leitor para distinguir e admirar as belezas do escrito. Ela exercita nossa razão sem fatigá-la, cobre de flores o caminho das ciências, e proporciona um agradável entretenimento depois das penosas tarefas a que é preciso submeter-se o espírito, que deseja adquirir erudição, ou investigar verdades abstratas. Como o estudo da retórica naturalmente conduz ao conhecimento dos melhores escritores, as grandes ideias e os claros e altos exemplos que nos oferecem à vista tendem naturalmente a familiarizar-nos com o espírito público, com o amor à glória, com a indiferença aos bens da fortuna, e a admiração a tudo quanto é verdadeiramente ilustre e grandioso. [...]. [As regras da retórica] serve[m] para marcar o caminho das paixões e da fantasia, para dirigi-las sem inutilizar seu voo, para pôr-nos à vista os precipícios em que outros se despenharão, e em que podemos cair, se não formos bem sustentados pela crítica, e guiados pelo bom gosto; e finalmente serve[m] para admirar as belezas, não deixar-nos deslumbrar com a falsa eloquência, e habituar-nos a que nossos sentimentos vão sempre de acordo com a filosofia.[26]

Mas o tal "quente sol de verão", cuja "plena luz" parecia tão constante e inabalável, afinal se pôs. Vence uma "cultura revolucionária e inovadora", assinalada por uma aguda consciência do caráter contingente e perfectível da vida social, e assim relativista, refratária

---

[26] Manuel da Costa Honorato, *Sinopses de Eloquência e Poética Nacional*. [1861] Rio de Janeiro, Tipografia Americana de Eduardo Augusto de Oliveira, 1870, p. 9-10.

à ideia de "valores eternos", e por conseguinte convicta da historicidade de todas as coisas. Desse modo, a história ascende à condição de ciência suprema, e acaba atraindo os estudos literários para a sua órbita. Comprometidos os princípios sobre os quais se baseavam, declinam a retórica e a poética, e as histórias literárias nacionais começam a ocupar o lugar que ficou vago, à medida que a crítica, se procede a hipótese que antes apresentamos, não se habilitaria plenamente a institucionalizar-se como disciplina. Desse modo, aos poucos os estudos literários vão-se deslocando do alheamento às diversidades de tempo e espaço para o interesse no particularismo das épocas e países, preterindo pois o "imóvel presente" pelas "força[s] histórica[s]", bem como a humanidade pelas nações.

As forças históricas

Mas a tomada do poder pela história literária não se deu sem a resistência das disciplinas moribundas. Na França, por exemplo, a retórica só desaparece do sistema de ensino em 1885,[27] e no Brasil, admitindo-se a representatividade do Colégio Pedro II, por sua condição de estabelecimento padrão, somente a partir da década de 1890, quando retórica e poética são completa e definitivamente substituídas no currículo por história literária.[28]

No nosso país, a história da literatura encontraria ambiente sociopolítico bastante favorável à sua

---

[27] Cf. Henri-Irénée Marrou, op. cit., p. 310.
[28] Cf. Roberto Acízelo de Souza, "Ao Raiar da Literatura Brasileira: Sua Institucionalização no Século XIX". In: *Introdução à Historiografia da Literatura Brasileira*. Rio de Janeiro, Eduerj, 2007, p. 21-22.

expansão, num processo muito semelhante ao que se passou em diversos outros países. Verifica-se assim que, já nas décadas de 1820 e 1830 – nas imediações da independência, portanto – conhece seus primeiros esboços,[29] e o seu progressivo aperfeiçoamento acompanha as vicissitudes de consolidação do Estado nacional brasileiro durante o período do império,[30] para enfim, na época da proclamação da República, apresentar-se com fisionomia plenamente definida.[31] No século XX, prosseguiria sua carreira exitosa, sempre *pari passu* com os rumos gerais da nação. Assim, na década de 1930, coincidindo com o fim da República Velha, passa por um processo de relativa renovação,[32] e finalmente, no auge do nacional-desenvolvimentismo, nos anos de 1950, experimenta o que hoje talvez já possamos reconhecer como o seu derradeiro florescimento verdadeiramente criativo.[33] Depois disso, a história da literatura brasileira, como disciplina

---

[29] Vejam-se o *Parnaso Brasileiro* (1829-1832), organizado por Januário da Cunha Barbosa, e o "Ensaio sobre a História da Literatura do Brasil" (1836), de Gonçalves de Magalhães.

[30] As mais destacadas produções do gênero no período são: os capítulos publicados por Joaquim Norberto de sua projetada *História da Literatura Brasileira*, de 1859 a 1862; e o *Curso Elementar de Literatura Nacional* (1862), do cônego Fernandes Pinheiro; o *Curso de Literatura Portuguesa e Brasileira* (1866-1873), de Sotero dos Reis.

[31] Obra-marco dessa consolidação é a *História da Literatura Brasileira* (1888), de Sílvio Romero, a que se segue uma redução da matéria para fins mais estritamente didáticos, o *Compêndio de Literatura Brasileira* (1906), do mesmo Sílvio Romero em parceria com João Ribeiro.

[32] Vejam-se a *História da Literatura Brasileira* de Nelson Werneck Sodré (1938), bem como dois outros projetos de história da literatura nacional que resultaram em publicações apenas parciais: o de Artur Mota (1930) e o de Haroldo Paranhos (1937).

[33] Pensamos na história literária de autoria coletiva dirigida por Afrânio Coutinho – *A Literatura no Brasil* (1955-1959) – e na *Formação da Literatura Brasileira* (1959), de Antonio Candido.

acadêmica, entra numa fase de evidente declínio, fato que coincide – e ao que tudo indica não por mera coincidência – com o arrefecimento do nacionalismo como força política no país, notado sobretudo a partir da década de 1980.

Mas voltemos ao princípio da disciplina entre nós, quando, naturalmente, se apresentam vigorosos os seus princípios. Sílvio Romero localiza na década de 1870 uma verdadeira revolução no campo dos estudos literários no Brasil, concretizada no projeto que ele assim sumariza:

> *Crítica integral das manifestações espirituais da nação*, estudando o *meio*, as *raças*, o *folclore*, as *tradições*, tentando elucidar os assuntos nacionais à luz da filosofia superior do evolucionismo spenceriano, procurando uma explicação científica da nossa história e vindo encontrar no *mestiçamento* (físico ou moral) a feição original da nossa característica.[34]

No seu entendimento, enfim, esgotava-se o que ele desqualifica como "veleidades retóricas de estafado classicismo",[35] de modo que os estudos literários pudessem converter-se em história da literatura brasileira, disciplina de que nos oferecerá em 1888 o primeiro tratado concebido e executado fora do figurino clássico, que ainda constituiu a moldura conceitual das tentativas posteriores.

---

[34] Sílvio Romero, "Quadro Sintético da Evolução dos Gêneros na Literatura Brasileira" [1911]. In: *História da Literatura Brasileira*. Organização e prefácio de Nélson Romero. Rio de Janeiro, José Olympio, 1954, vol. 5, p. 1981.
[35] Ibidem, p. 1980.

A história da literatura nacional, assim, chegaria madura e forte ao século XX, e como tal se tornará o esteio principal da formação literária em nível superior, que, no caso brasileiro, se institui a partir da década de 1930, quando da instalação das nossas primeiras faculdades de filosofia, ciências e letras. Manterá esse *status* por três décadas, e só a partir dos anos de 1960 começará a sofrer a concorrência da teoria da literatura, cujo ensino então se introduz nos cursos universitários do país.[36]

A reeducação estética

Se o projeto da história literária se propunha a promoção do nacional, sua justificativa e fundamento, a teoria da literatura pretendia algo bem diverso: queria uma espécie de reeducação estética, que habilitasse para o acolhimento e a compreensão da nova ideia de arte agressivamente lançada por experiências artísticas de vanguarda que se sucederam da década de 1880 à de 1920. Um dos sinais claros dessa profunda afinidade entre o programa da teoria da literatura e as concepções modernistas em arte é a ligação que se estabeleceu, na Rússia das primeiras décadas do século XX, entre uma corrente da vanguarda artística – o futurismo – e outra dos estudos linguístico-literários, o formalismo, que, como sabemos, viria a ser talvez o impulso mais decisivo para a definição da disciplina.

---

[36] Ilustramos o processo de expansão e institucionalização da história literária com o caso brasileiro, que é contudo bastante típico, perfeitamente conforme, por conseguinte, salvo pequenas diferenças de cronologia, com o que se passou em vários outros países. Ver adiante mais detalhes no capítulo "A Formação das Histórias Literárias Nacionais".

Procurou assim a teoria da literatura desenvolver um conjunto de conceitos e instrumentos metodológicos que sobretudo facultasse acesso às desconcertantes experiências de linguagem características dos muitos movimentos estéticos que assinalaram a passagem do século XIX para o XX. Propôs, em lugar do apreço pela contextualização característico da história literária, absoluta prioridade de atenção ao texto em si, no que se colocava em plena sintonia com a concepção de arte como autorreferência, talvez a melhor síntese do pensamento estético modernista. Mas não ficou só nisso: projetou para a arte literária de todos os tempos e lugares a concepção que assimilou do modernismo, e desse modo inventou a noção de literariedade, sua palavra de ordem e motivação de pesquisa, julgando-se assim habilitada para "organizar" a formação literária, que por mais de um século permanecera sob a tutela da perspectiva historicista.

No caso brasileiro, não é difícil verificarmos como os estímulos da arte moderna favoreceram as condições para a institucionalização da teoria da literatura em nossas universidades. Como vimos, isso se deu nos anos de 1960, ou seja, depois de uma razoável assimilação entre nós das experiências do modernismo literário, de resto revitalizadas de modo bastante bem-sucedido na década anterior, por movimentos como o concretismo, e por desempenhos autorais de forte impacto, como os de João Cabral, Clarice Lispector, Guimarães Rosa.

Atenhamo-nos ainda ao caso brasileiro para descrever consequências da inclusão de teoria da literatura nos programas de ensino. No começo, a disciplina não constituiu uma "cátedra", honraria exclusivamente reservada às histórias literárias nacionais. Depois, com seu prestígio em alta, passaria também a ter seus professores titulares, novo enquadramento funcional dos antigos catedráticos, instituído nos anos de 1970. Por outro lado, se não chegou a eliminar dos currículos as literaturas nacionais, certamente comprometeu sua tradicional hegemonia, além de ter influído profundamente no modo por que tais matérias passaram a ser concebidas e ensinadas: a ênfase na contextualização cede vez às análises dos textos em si mesmos, e a organização dos programas se flexibiliza, passando os ordenamentos por temas e problemas a ter precedência sobre a rotina do sequenciamento cronológico.[37]

A destituição dos cânones

Tentemos agora uma síntese para chegarmos à estação final do nosso itinerário.

De primeiro, ensinava-se letras porque, precisando de escribas e estimando a sabedoria dos poetas, julgava-se que elas cifravam a comunidade dos homens, isto é, constituíam as *humanidades*, quer dizer, uma cultura espiritual comum a todos e haurida sobretudo nos livros, superior às divisões suscitadas pela cultura técnica, e muito superior ao primarismo material da cultura física. Depois, continuou-se a ensinar letras, mas por diverso motivo, a *nacionalidade*: as letras se apresentavam como a manifestação mais

---

[37] A exemplo do procedimento adotado quanto à história da literatura, tomamos a circunstância brasileira para ilustrar o processo de afirmação da teoria da literatura; trata-se, no entanto, de percurso essencialmente comum às principais culturas linguístico-literárias do Ocidente.

profunda e plena das tradições nacionais, cujo fortalecimento e conservação se considerava crucial para a emancipação dos povos. Mais tarde, de novo se alterou o argumento para justificar socialmente a educação literária: não mais propriamente as letras, mas a literatura é que passa a interessar, e assim ajustou-se o foco para a *literariedade*, ou seja, para um certo adensamento radical da linguagem inerente às obras de arte literárias que, se fosse possível dar a perceber, redundaria em se derrubar definitivamente a mitologia da representação.

Até aqui se estendeu a longa história dos estudos literários, assinalada por inabalável confiança nas letras e na literatura como valores acima de qualquer suspeita. Ultimamente, porém, se começa a desconfiar de que as ideias de letras e literatura, a que se emprestava um alcance universal, estariam comprometidas com a expressão de *uma* única história, quando há tantas outras que seria interessante conhecer. As letras e a literatura, assim, constituiriam uma imensa e opressiva reiteração do mesmo – o cânone –, inviabilizando desse modo o acesso a mundos alternativos. Tem lugar então um ansioso interesse por experiências outras que não aquelas que se julgavam gerais e comuns, e que se encontram monumentalizadas na produção literária. A agenda acadêmica passa a priorizar principalmente pesquisas sobre reverberações culturais das diversidades de gênero, etnia, classe social, pressupondo que a vida seria mais justa e plena, caso se concedesse voz a cada diferença para contar a sua própria história. Enfim, a determinação é ensinar *alteridade*, e então, considerando o campo literário estreito para os amplos horizontes que se pretende descortinar, propõe-se sua subsunção num conjunto maior, heterogêneo, turbulento e complexo, a que se vem chamando *cultura*, e que integra, sem qualquer distinção hierárquica, produtos da mais diversa fatura, como, por exemplo, o último *hit* dos bailes *funk* e *Em Busca do Tempo Perdido*.

CAPÍTULO 3
A HISTÓRIA LITERÁRIA

Uma disciplina moderna

Até o século XVIII os saberes que podemos reunir sob a designação genérica de *estudos literários* se apresentavam seccionados em gramática, retórica, poética, filologia e, conforme o termo empregado por Erich Auerbach,[1] bibliografia. Considerando que os quatro primeiros ramos referidos começam a despontar nos séculos VI-V a. C., e que o quinto se estabelece com a fundação do Museu e da Biblioteca de Alexandria no século III a. C., a história da literatura, cujas manifestações preliminares se podem recuar no máximo aos anos de 1500, constitui presença bastante recente nessa área de conhecimento. A rigor, porém, obras pré-oitocentistas, não obstante a circunstância de algumas delas exibirem nos próprios títulos credencial de pertencimento àquela vertente moderna dos estudos literários – os principais exemplos são *Storia della Letteratura Italiana* (Girolamo Tiraboschi; 1722-1782), *Histoire Littéraire de la France* (beneditinos da congregação de St. Maur; 1733-1763) e *Historia*

---

[1] Erich Auerbach, "A Filologia e suas Diferentes Formas". In: *Introdução aos Estudos Literários*. [1944] São Paulo, Cultrix, 1970, p. 25.

Literaria de España (Rafael Rodríguez Mohedano e Pedro Rodríguez Mohedano; 1766-1791) –, consistem antes em compilações e reunião de material erudito, já que são desprovidas dos elementos que configuram a história da literatura propriamente dita, os quais assim se podem caracterizar: integralidade narrativa; esforço de reconstrução dos eventos segundo sua dinâmica específica; tentativa de explicação de uma época com base nos seus antecedentes e de acordo com condicionamentos ou determinantes psicossociais, políticos, econômicos, religiosos, linguísticos, etc.; atenção exclusiva aos produtos escritos no vernáculo de cada país, abstraídos, portanto, aqueles que, mesmo oriundos do território nacional, foram redigidos em língua clássica, documentando desse modo fase anterior à constituição do Estado nacional.[2] Concebida nestes termos, a história da literatura é uma conquista do século XIX, e, como tal, subproduto da ascensão da história como ciência moderna, talvez o acontecimento mais profundamente marcante da fisionomia intelectual daquele século. Compreender, por conseguinte, a emergência da história da literatura pressupõe inscrever a questão no quadro mais amplo representado pelo surgimento da própria ideia de história como ciência, quadro cujo aspecto geral apresentamos a seguir.

A moldura historicista

Quatro motivos distintos, embora reciprocamente solidários, podem ser apontados para o relevo

---

[2] Cf. Ibidem, p. 30-31, e Otto Maria Carpeaux, "Introdução". In: *História da Literatura Ocidental*. [1958] Rio de Janeiro, Alhambra, 1978, vol. 1, p. 15-18, passim.

assumido pela história nos anos de 1800. Um deles, de natureza econômico-político-social, foi a expansão do capitalismo liberal burguês e o consequente acirramento das contradições sociais, o que induziu uma reflexão crítica sobre a sociedade, missão assumida pela burguesia por meio de desenvolvimento e controle de uma produção historiográfica conforme a seu projeto de classe.[3] Um segundo motivo, de ordem especificamente filosófica, foi a construção de filosofias da história, no século XVIII e início do XIX, devidas a Vico, Voltaire, Hume, Herder, Fichte, Schelling, Hegel. Um terceiro, de cunho filosófico-epistemológico, foi a consolidação de certo modelo físico-matemático em todos os domínios do conhecimento, do que decorreu um duplo efeito: a voga de correntes filosóficas cientificistas – como o positivismo, o evolucionismo, o determinismo, o transformismo – e a receptividade das então nascentes ciências humanas a conceitos originários das ciências da natureza, especialmente ao de evolução, conceito que, inspirado nas filosofias da história, se torna central na biologia darwiniana, para depois instrumentalizar esforços de compreender a ordem social como organismo em contínuo progresso por efeitos do tempo, isto é, da história, segundo seu entendimento oitocentista.[4] Finalmente, um quarto motivo, de natureza estético-filosófica, foi a concepção de passado instituída pelo romantismo: se para o Renascimento e o Iluminismo o passado ou é desconsiderado, como época de selvageria e

---

[3] Cf. Lincoln de Abreu Penna, "Metodologia do Conhecimento Histórico". *Legenda. Revista da Faculdade Notre Dame*. Rio de Janeiro, vol. 2, 1978, p. 94.
[4] Ibidem, p. 94.

superstições, ou, tratando-se da Antiguidade greco-latina, tem as suas realizações artísticas e filosóficas erigidas em perfeições intemporais, na compreensão romântica os tempos idos são admirados na sua integridade, sendo por conseguinte vistos na condição de épocas válidas por si mesmas como estágios na evolução das sociedades, isto é, como momentos da história, assim concebida como o próprio elemento em que a humanidade progressivamente se constitui.[5]

Assim supervalorizada, a história exporta o seu modelo para outras áreas do conhecimento, desempenhando no século XIX papel análogo ao representado pela matemática na Antiguidade grega, pela teologia na Idade Média [6] ou pela linguística em passado recente. Torna-se então, para além do seu próprio âmbito disciplinar, um "ponto de vista epistemológico",[7] isto é, ao mesmo tempo mais e menos que uma ciência. Desse modo, a investigação em diversos campos adota uma perspectiva histórica: as ciências da natureza são subsumidas pela matéria conhecida como *história natural* (em cujo vasto domínio, constituído pelos reinos animal, vegetal e mineral, se situam pesquisas zoológicas, botânicas, geológicas e mineralógicas); a biologia historiciza o seu objeto, fixando-se na ideia de evolução; a linguística se estabelece como ciência por meio da atenção exclusiva à diacronia; e nos estudos literários a história da literatura emerge como disciplina

---

[5] Cf. R. G. Collingwood, *A Ideia de História*. [1946] Lisboa, Presença/Martins Fontes, 1972, p. 117-20, passim.
[6] Cf. ibidem, p. 11.
[7] A expressão é utilizada por Joseph Hrabáck (apud Joaquim Mattoso Câmara Jr., "O Estruturalismo Linguístico" [1966]. *Tempo Brasileiro*. Rio de Janeiro, vol. 15, n. 16, 1969, p. 5) a propósito do estruturalismo, para designar categoria distinta tanto de teoria quanto de método.

hegemônica, absorvendo ou situando em plano secundário a filologia, a retórica, a poética e a bibliografia. Resultando assim da extensão da perspectiva da história ao campo dos estudos literários, a história da literatura, segundo a natureza de sua matriz, se interessa não pela restauração, edição e explicação de textos antigos (como a filologia), nem pela descrição/ prescrição de técnicas consagradas de construção verbal (como a retórica), ou ainda pela indagação acerca da racionalidade especial da poesia (como a poética), e tampouco pela elaboração de relações de autores e respectivas obras (como a bibliografia), mas sim pelas origens e processos de transformação do fato literário. Por outro lado, pretendendo-se ciência – ainda conforme sua matriz, e nisso procurando afastar-se do pertencimento às humanidades característico das tradicionais disciplinas literárias –, a história da literatura entende os fatos literários como efeitos de causas determináveis – basicamente, a subjetividade dos autores, o meio físico-geográfico e os processos sociais –, atribuindo-se como tarefa a ultrapassagem dos textos em busca de seus determinantes primeiros, dos quais eles seriam reflexos secundários. Nesse empenho, acolheu subsídios oriundos de outros saberes constituídos como ciências modernas no século XIX, razão por que, em suas realizações concretas, encontramos em geral certo ecletismo: sugestões da psicologia no esclarecimento do sentido das obras pela biografia dos autores; ressonâncias da sociologia no pressuposto de que os produtos literários documentam a vida social; aplicações da filologia nas tentativas de reconstituição material e explicação literal de textos, bem como no rastreamento de fontes e influências e na discussão de problemas relativos a autenticidade e autoria de documentos escritos; e ainda, como se verá a seguir, interferências da crítica literária configuradas nas frequentes emissões de juízos de valor.

Tendo referido a pretensão de alcançar padrões científicos de desempenho própria à história da literatura, do que resultou esforço de isenção e objetividade, é necessário agora assinalar como seus resultados a mantiveram longe desse ideal. Isso nos conduz a outra esfera de ocupação intelectual com a literatura, a crítica literária, com a qual a história da literatura manteve relações um tanto contraditórias. Na expectativa de que o desvio não venha a ser dispersivo, tentemos caracterizar sumariamente a crítica literária, para depois verificar seu grau de aproximação com a história da literatura.

As relações com a crítica

Na Antiguidade, as palavras *crítico* e *gramático* – de origem grega e depois adaptadas ao latim – são usadas como sinônimos, sendo que o primeiro termo acabou caindo em desuso na língua grega e se empregava raramente no idioma latino. No Renascimento, o vocábulo *crítico* se incorpora aos vernáculos modernos, inicialmente no sentido de *gramático*, depois passando a designar aquele que se dedicava a estabelecer e restaurar textos antigos, de modo a compará-los, classificá-los e julgá-los quanto aos seus méritos. Finalmente, a partir da segunda metade do século XVII, em uso que se consolidou no XIX, o termo *crítica* alcança o significado básico que ainda hoje lhe é atribuído: um sistema escalonado de saber sobre a literatura que envolve, como operação de cúpula, a emissão de juízos de valor sobre obras e autores.[8]

Até o século XVIII, enquanto persistiu o prestígio da retórica e da poética, pode-se dizer que a crítica consistia em apreciar a conformidade de um texto às regras do gênero respectivo; no entanto, depois de abandonada a preceptística clássica constituída por aquelas disciplinas antigas, *pari passu* com a revolução romântica nas letras, nas artes e no pensamento, a crítica se torna pessoal e tendencialmente arbitrária, quando muito fixando como critério de valor noções vagas como autenticidade emocional ou verismo figurativo, cuja presença nos textos literários lhes garantiria o mérito. Ora, exatamente este é o momento em que desponta a história da literatura, cuja referida pretensão de objetividade científica a indispunha por princípio com a crítica literária.

É possível por conseguinte reconhecer no século XIX uma partilha dos estudos literários entre história e crítica, caracterizando-se essas duas metalinguagens sobre a literatura com base em seus contrastes. Assim, enquanto a primeira em geral se interessa sobretudo pela tradição e pelas obras do passado, sendo praticada por professores, veiculada por livros, institucionalizada no sistema escolar e concretizada sob a forma de longas narrativas compostas por partes integradas, a segunda privilegia a atualidade, o movimento editorial contemporâneo, e, tendo por veículos jornais e revistas, destina-se a público heterogêneo e se apresenta sob a forma de ensaios autônomos.

---

[8] Cf. René Wellek, "Termo e Conceito de Crítica Literária" [1963]. In: *Conceitos de Crítica*. São Paulo, Cultrix, s. d., p. 29-41, passim.

No entanto, esse alheamento recíproco corresponde apenas a um cômodo esquema: nas suas realizações efetivas, frequentemente a crítica demandava os mesmos apoios conceituais da história – a psicologia, a sociologia, a filologia –, e esta não evitava o contágio daquela, proferindo julgamentos explícitos – baseados nas mencionadas noções de autenticidade emocional e verismo figurativo, e até sem lastro conceitual reconhecível –, ou operando a partir de decisões *críticas* nem sempre declaradas como tal, caso, por exemplo, da exclusão de determinado autor ou obra do conjunto dos "fatos" estudados, bem como da variação do grau de atenção concedida aos escritores incluídos, materialmente visível no maior ou menor número de páginas ou linhas dedicadas a cada um nos volumes de história da literatura. Assim, segundo afirmamos no início deste desvio destinado a caracterizar a crítica literária, a história da literatura manteve relações um tanto contraditórias com aquela atividade: se, por coerência teórica, sua veleidade científica recomendava distância em relação à crítica, nos seus resultados concretos a história da literatura nunca honrou por inteiro o compromisso cientificista de neutralidade axiológica.

A *missão nacionalista*

Até aqui julgamos ter composto uma imagem da história da literatura segundo uma perspectiva por assim dizer epistemológica, apresentando-a como um saber que processou e integrou, além de elementos conceituais da própria história, contribuições da psicologia, da sociologia e da filologia, acolhendo ainda procedimentos em princípio próprios ao âmbito da crítica literária. No entanto, para que a imagem não fique incompleta, é indispensável lhe acrescentarmos o traço político constituído pelo vínculo entre a história da literatura e o que se pode chamar ideologia nacionalista. Tentaremos agora, por conseguinte, analisar o modo por que a disciplina se associou ao nacionalismo.

Já vimos que um dos motivos para o desenvolvimento da história no século XIX foi sua instrumentalização para uma análise das sociedades segundo o projeto de classe da burguesia, em cujo cerne figurava, desde o início dos tempos modernos, a ideia da criação e consolidação de Estados nacionais centralizados. Por essa razão, como braço intelectual desse objetivo, observa-se, "[a] partir do século XVI, [...] a existência, entre os eruditos, de um crescente interesse pela história da civilização de seus países, e isso os levou a recolher materiais para uma história literária".[9] Assim, mesmo naquelas obras anteriores ao século XIX que prefiguram a história da literatura, já encontramos nítidas motivações nacionalistas, como é o caso, no âmbito da língua portuguesa, da *Biblioteca Lusitana*, como vimos anteriormente, onde não faltam enunciados que revelam tais motivações, como a seguinte passagem que transcrevemos a título de exemplo: "Seguindo os vestígios de tão grandes Varões me animei em obséquio da Pátria escrever a Biblioteca Universal de todos os nossos Escritores [...]".[10]

---

[9] Erich Auerbach, op. cit., p. 30.
[10] Diogo Barbosa Machado, "Prólogo". In: *Biblioteca Lusitana; Histórica, Crítica e Cronológica*. Lisboa Ocidental, Oficina de Antônio Isidoro da Fonseca, 1741, vol. 1, p. 32.

Desse modo, a aliança entre história da literatura e ideologia nacionalista constituiu providência conceitual fundadora da disciplina, que se define exatamente pela assunção da concepção romântica de literatura como expressão da nacionalidade. A configuração de seu objeto, portanto, parte de premissa central do romantismo: cada nação se distingue por peculiaridades físico-geográficas e culturais, sendo a literatura especialmente sensível a tais peculiaridades, do que deriva sua condição de privilegiada parcela da cultura, funcionando à maneira de um espelho em que o espírito nacional pode mirar-se e reconhecer-se. Senhora de um objeto assim tão estratégico para a sondagem e a identificação do "caráter nacional", a história da literatura por esse motivo viria a ocupar posição de relevo entre os mecanismos institucionais de salvaguarda dos valores das nações; por isso, entre as subdivisões tradicionalmente reconhecidas da história nacional – história eclesiástica, militar, administrativa, diplomática, etc. –, foi a única que se instalou, ao lado de uma história que se poderia qualificar como geral (na verdade, de dominância política), nos currículos escolares, integrando assim os sistemas de educação cívica implantados nos vários Estados nacionais modernos.

Consolidação: gênero, disciplina, instituição

Podemos agora resumir os traços definidores da história da literatura conforme consagrada no século XIX: *gênero do discurso*, vincula-se ao épico, por sua feição narrativa e por suas constitutivas motivações nacionalistas e patrióticas, propondo-se expor, como relato etiológico e teleológico, os esforços e realizações de um povo no sentido de construir uma cultura literária própria; *ciência* ou *disciplina especializada*, procura estabelecer seus métodos e técnicas – processando, em solução eclética, elementos tomados à psicologia, à sociologia, à filologia, à crítica literária –, além de esforçar-se por delinear seu objeto, a literatura nacional; *instituição*, integra os sistemas de ensino dos diversos países, sob a forma de matéria obrigatória nos níveis médio e universitário, estabilizando, segundo um ponto de vista homogeneizante, um conjunto harmonioso de obras e autores considerados representativos da nacionalidade, isto é, um cânone de clássicos nacionais. Assim consolidada, torna-se o centro dos estudos literários, podendo-se estabelecer como marcos cronológicos do seu reinado, tomando-se por referência o âmbito francês, o *Cours de Littérature Ancienne et Moderne* (1799-1805), de Jean-François de La Harpe, obra ainda devedora de concepções clássicas e pré-historicistas, e a *Histoire de la Littérature Française* (1894), de Gustave Lanson, livro frequentemente tido como o mais acabado modelo de história literária.

As crises

Mas, como "tudo passa sobre a terra", a disciplina naturalmente não escapou a esse destino universal. Assim, depois da consagração oitocentista, a história da literatura estava destinada a prolongada decadência no século XX, passando a viver "[...] tão somente uma existência nada mais que miserável, tendo se preservado apenas na qualidade de uma exigência caduca do regulamento dos exames oficiais".[11] Ora, como a disciplina se inscreveu no ambiente intelectual marcado pela ascensão e consolidação do historicismo, a queda de seu prestígio coincide com a ruína daquele paradigma, iniciada já em fins do século XIX e aprofundada no início do século subsequente, ruína para a qual concorreram alguns fatores decisivos: a definição do método fenomenológico na filosofia, seguida de suas aplicações no campo das ciências humanas (determinando-se assim o abandono progressivo da designação genérica "ciências históricas"); o surgimento do gestaltismo em psicologia; o esboço do estruturalismo linguístico na obra de Saussure, entre cujas teses fundamentais figura não só a distinção entre sincronia e diacronia – em outros termos, entre história e sistema –, mas também a concessão de primazia metodológica ao primeiro termo dessa dicotomia.

Criado este cenário de exaustão do paradigma historicista, instalou-se o clima intelectual que precipitou o infortúnio da história da literatura, sendo possível descrevê-lo em duas ondas sucessivas e diferenciadas.

Num primeiro momento, correspondente às três décadas iniciais do século XX, no campo dos estudos literários a definição desse novo quadro de referências francamente anti-historicista propiciou o surgimento de correntes cuja motivação básica foi exatamente contestar os métodos e propósitos da história da literatura. Assim, se esta concebia a literatura como linguagem transparente a certas realidades extraliterárias – *grosso modo*, a vida pessoal dos escritores e

---

[11] Hans Robert Jauss, *A História da Literatura como Provocação à Teoria Literária*. São Paulo, Ática, 1994, p. 6.

o tecido social das nações –, razão por que os textos seriam explicáveis como efeitos de causas situadas nos respectivos contextos, correntes como a estilística franco-germânica, o formalismo eslavo e a nova crítica anglo-norte-americana desenvolveram teses sobre a especificidade da literatura, que redundaram numa compreensão de obra literária como arranjo linguístico intransitivo, artefato verbal autocontido na sua própria imanência. Essas correntes confluíram para a constituição da disciplina novecentista que viria a chamar-se *teoria da literatura*, entre cujas proposições fundamentais se encontrava a denúncia do que passa então a ser considerado como a inconsistência básica da história da literatura: sua incapacidade de ocupar-se com a literatura em si mesma, ou, em outros termos, sua condição de história meramente externa da arte literária, interessada antes nas causas ou condicionamentos extrínsecos do seu objeto do que em sua dinâmica própria e exclusiva.

A história da literatura viu-se assim contestada na sua tríplice investidura já referida: como gênero, porque se mantinha fiel ao caráter linear e orgânico da narrativa tradicional, sem experimentar modos novos de escrever-se (ao contrário, por sinal, do que se passava com uma forma literária sua contemporânea e com ela estruturalmente aparentada, o romance, submetido a verdadeira reconcepção por influxo do modernismo); como ciência, porque persistia confiante no primado epistemológico da história, além de conservar-se presa a uma ideia de linguagem como instrumento, longe portanto da concepção sistêmica ou estrutural; como instituição, porque servia ao propósito burguês de consagração de um cânone homogêneo e normativo – recurso pedagógico de reforço à posição de classe dos bem-nascidos –, de que se excluíam por conseguinte produtos tidos como "diferentes" ou extravagantes, justamente aqueles em alta segundo os critérios então revolucionários de vanguardas tanto artísticas quanto políticas.

A segunda onda de contestação da história da literatura, cuja emergência se situa lá por meados dos anos de 1960 e que mais plenamente se define na década de 1980, tendo seus efeitos prolongados desde então até a atualidade, partiu de uma espécie de amplo reconhecimento do papel central desempenhado pela linguagem em todos os aspectos das atividades humanas, o que conduziu as ciências sociais em geral à conclusão de que os assim chamados "fatos", longe de corresponderem a conteúdos substantivos, não constituem senão construções linguísticas, arranjos verbais, sendo, portanto, efeitos do discurso, e não "coisas" existentes por si mesmas. Essa atitude, proveniente de vários estímulos heurísticos – entre os quais cabe destacar o estruturalismo linguístico e suas expansões na semiologia, psicanálise e antropologia; a semiótica de Charles Sanders Peirce; as filosofias da linguagem, de Ludwig Wittgenstein a Peter Frederik Strawson; o dialogismo de Mikhail Bakhtin; a reflexão sobre a ideia de ciência conforme conduzida pelo Círculo de Viena e por Thomas S. Kuhn; as investigações sobre a escrita da história desenvolvidas por Hayden White; o pensamento dito pós-estruturalista de Michel Foucault, Jacques Derrida e Louis Althusser –, teve um duplo impacto no setor dos estudos literários. Em primeiro lugar, comprometeu um dos esteios da história da literatura, uma vez que certos "fatos" até então confiáveis como instâncias explicativas dos textos – vida dos autores, condições sociais, políticas, etc. – revelaram-se destituídos de toda solidez, passando a ser vistos como meras construções textuais arbitrárias e contingentes, tanto quanto as próprias composições literárias e as análises que se propunham explicá-las com base naqueles supostos "fatos". Em segundo lugar, golpeou também a noção pós- e anti-historicista de que a literatura, não sendo efeito de causas externas a ela, se define por certa propriedade que lhe é exclusiva – sua natureza de artefato linguístico –, uma vez que todos os produtos culturais na verdade seriam também construções de linguagem. Assinalando de passagem que essa segunda onda de restrições à história da literatura oitocentista atingiu também sua rival novecentista – a teoria da literatura, cujas vertentes em certo sentido mais típicas se concentraram na investigação da chamada *literariedade*, a suposta distinção essencial da literatura –, fixemos somente as consequências dessa mudança conceitual na primeira disciplina referida: ampliadas drasticamente as noções de texto e discurso, o estudioso da literatura não podia mais restringir seu interesse às obras canônicas laboriosamente instituídas como tal pela história da literatura, passando a interessar-se também – e em muitos casos principalmente – por produtos culturais até então desconsiderados. Assim, se o primeiro ataque à história da literatura se deu principalmente por motivações estéticas – a concepção modernista de autonomia radical da literatura – e epistemológicas – o abandono do paradigma historicista –, o segundo decorreu de razões sobretudo políticas: numa época de declínio da ideologia nacionalista, os cânones nacionais tornaram-se objeto de denúncia por sua constituição autoritária e homogeneizante, donde a reorientação do interesse para discursos de grupos que se apresentam como reprimidos, minoritários ou desejosos de reconhecimento, identificáveis por critérios transnacionais, como gênero, etnia, orientação sexual, etc. Em resumo, é possível afirmar que esse amplo movimento de contestação dos estudos literários constituiu-se, sobretudo no âmbito anglo-norte-americano, numa espécie de pretensa nova disciplina – os estudos culturais –, da qual se pode dizer, tanto por amor anacrônico às simetrias cronológicos quanto talvez magnificando o entusiasmo dos seus adeptos, que ela assinalará o século XXI, do mesmo modo que a história da literatura e a teoria da literatura marcaram respectivamente o XIX e o XX.

As revitalizações

Mas a história da literatura, não obstante as duas ondas de contestação que julgamos ter caracterizado, conheceu, além de uma sobrevida rotineira, também projetos de revitalização ao longo do século XX.

O primeiro deles, nos anos de 1920, se deve ao formalismo eslavo, que, inicialmente tendo investido contra a história da literatura de feição tradicional, depois transformou seu conceito-chave – linguagem literária como desautomatização de formas – no próprio princípio da dinâmica literária, isto é, da sua história, que concebeu não como tradição, mas como evolução definida sob a forma de substituição de sistemas.

Depois, a partir de fins dos anos de 1960, a corrente de origem alemã que se tornou conhecida como *estética da recepção ou do efeito* se apresentou, em pleno apogeu do alheamento estruturalista em relação à história, como empenho declarado em restaurar a dimensão histórica da literatura, propondo uma conciliação entre as reflexões marxista e formalista, através do centramento numa instância que teria sido negligenciada por ambas aquelas reflexões: o fator constituído pelo público, ou a recepção e o efeito da literatura no chamado *horizonte de expectativa*.

Por fim, a orientação designada pela expressão *novo historicismo*, emergente nos Estados Unidos no início da década de 1980 e bastante aparentada com o movimento britânico que vem sendo chamado *materialismo cultural*, busca também insuflar um novo alento na história da literatura, a partir de premissas radicalmente distintas daquelas com que operava o velho historicismo oitocentista, premissas que assim podemos tentar resumir: o passado não é acessível na sua própria substância, mas como narração, em seus vestígios textuais, portanto; os períodos históricos não constituem ordens homogêneas e harmoniosas, mas um jogo de forças contraditórias e em conflito; neutralidade e objetividade são ilusões nos estudos históricos, pois o passado é sempre construído a partir de interesses e situações presentes; o problema das relações entre literatura e história não se resolve satisfatoriamente pela caracterização daquela como valor puramente estético e desta como simples fonte ou documento, devendo-se antes, considerando que a história não consiste num conjunto de "fatos" ou "conteúdos", ter em conta mais a textualidade da história e da literatura do que marcas essenciais capazes de estabelecer fronteiras nítidas entre os "grandes" textos "literários" e aqueles outros considerados "não literários" e de interesse apenas documental.[12]

A atualidade

Até aqui procuramos traçar em largas linhas o processo de constituição da ideia de história da literatura no século XIX e suas crises no século XX, o que nos conduziu a caracterizar de modo sumaríssimo o atual estado de coisas na área dos estudos literários. Achamos oportuno agora, em atitude menos descritiva e mais provocativa, refletir sobre alguns pontos que, resistentes a definições e respostas, mal conseguimos esboçar como perguntas e perplexidades.

Os estudos culturais constituem instrumentos da "correção política", e já contam a seu favor o mérito inegável de tematizarem, no âmbito das pesquisas literárias, o justo respeito às diferenças de toda ordem, afinal reconhecidas não como ameaças à coesão social, mas como sua própria condição. A literatura, assim, em vez do delineamento tradicional a que se submetia, deve ser representativa dos mais diversos segmentos em que se pode decompor o tecido social, e não de uma suposta unidade nacional ou excelência estética correspondentes a interesses de certo grupo indevidamente autoproclamado guardião da vontade coletiva. Contestem-se por conseguinte ós cânones e construam-se cânones alternativos, ou, mais drasticamente ainda, conteste-se

---

[12] Cf. Raman Selden, "New Historicism". In: *A Reader's Guide to Contemporary Literary Theory*. Lexington, The University Press of Kentucky, 1989, p. 105.

a própria ideia de literatura, impugnável como meio sofisticado e dissimulado de dominação e autoritarismo. Ora, nesse ponto, venhamos ao correlato político dessa atitude hoje tão bem acolhida no campo dos estudos literários: nessa rejeição justiceira de todas as formas de poder – em especial aquele representado pelo Estado-nação –, não haverá uma curiosa aliança entre relativismo cultural e absolutismo ético, que, pela aparente crítica democrática e socialmente responsável a todo tipo de arbítrio, acaba conduzindo à descrença em qualquer projeto coletivo, e, portanto, à exaltação do individualismo?

A história da literatura, na sua concepção oitocentista originária, apresentava-se como totalidade, como um grande conjunto de elementos – natureza e sociedade do país, autores, obras, temas, períodos – que faziam sentido por sua integração e ajustamento recíprocos. Hoje, porém, como via de regra cultivamos um compreensível e saudável ceticismo em relação às grandes explicações totalizantes em geral, a história da literatura – salvo em suas realizações rotineiras e tautológicas – já não se dedica à composição de vastos panoramas das literaturas nacionais, atendo-se mais frequentemente a desenvolver investigações sobre pontos mais ou menos específicos, ou a problematizar seus próprios fundamentos conceituais, neste segundo caso gerando muitas vezes mais um teoricismo enfadonho do que resultados minimamente interessantes. No ensino universitário, desse modo, ela tende a confundir-se com a teoria da literatura, que, mesmo questionada pelos estudos culturais por seu suposto essencialismo elitista, divide com esses o prestígio acadêmico que já não se reconhece na história da literatura. Prosperam assim, tendo em vista principalmente o caso das universidades anglo-norte-americanas, uma indagação abstratizante de índole universalista – teoria da literatura – e a atenção a produções heteróclitas (filmes, mídia, espetáculos em geral, música popular, televisão, comportamentos) vagamente unificadas sob a rubrica de *discursos* – estudos culturais –, saindo de cena uma representação da literatura de cunho ao mesmo tempo sistemático e concretizante: história da literatura de feição tradicional.[13] Deve-se talvez ponderar, contudo, que tal ímpeto por assim dizer desconstrutivista é exercido e incentivado por uma geração de professores iniciados nos grandes esquemas do historicismo, que lhes permitiu afinal previamente "organizar" o seu campo de trabalho, sem o que certamente não haveria objetos a desconstruir. Desse modo, não é possível suspeitar que, sem reconhecer "[...] a utilidade da erudição, o interesse das *mises au point* históricas, as vantagens de uma análise fina das 'circunstâncias' literárias [...]",[14] se inviabilizam exatamente as competências que a formação não historicista julgava assegurar?

O estado atual das pesquisas literárias na universidade está consagrando a ideia de que não convém refletir sobre a literatura como se ela fosse uma espécie de entidade apartada de outras produções culturais e aspectos da vida social. Isso vem conduzindo a certo desdém pelos rigores com que a teoria da literatura

---

[13] No caso das universidades brasileiras, é mais limitado o espaço dos estudos culturais, ao mesmo tempo que parecem predominantes cursos baseados em sequências cronológicas, conceitualmente apoiados, portanto, em esquemas de periodização típicos da história da literatura.
[14] Roland Barthes, "As Duas Críticas" [1963]. In: *Crítica e Verdade*. São Paulo, Perspectiva, 1970, p. 150.

procurou construir uma trama conceitual especializada para se lidar analiticamente com textos literários, fazendo-se em troca o elogio do que de modo meio vago se tem chamado inter-, multi-, pluri- ou transdisciplinaridade. Assim, certo relaxamento intelectual apresenta como solução o que é o problema, isto é, esvazia-se completamente a operação teoricamente complexa que consiste em deslocar conceitos por campos de conhecimento distintos, esquecida a evidência de que, para se transcender uma especialidade, é preciso ter uma especialidade. O resultado disso é que, em vez de se romper a segregação do objeto das pesquisas literárias, demonstrando seus modos de articulação com outros objetos, o que se obtém é puramente a sua diluição. Desse modo, em vez de trânsitos controlados entre disciplinas e a relativização de todas as "explicações" especializadas, esse pseudoavanço não será no fundo um recuo ao historicismo extrínseco e sua integral confiança nas explicações ecléticas? Em outras palavras, será que o desacreditado amálgama de psicologia, sociologia, filologia e crítica, em que a história da literatura oitocentista tanto confiou para esclarecer as causas de seu objeto, em detrimento de atenção maior à sua especificidade, não apresenta inesperadas semelhanças com cruzamentos conceituais envolvendo psicanálise, antropologia, filosofia, linguística, história, atualmente tão requisitados visando menos a questões propriamente literárias do que a vastos problemas – como, por exemplo, o patriarcalismo da civilização ocidental, os micropoderes estruturantes da ordem burguesa, os contatos interculturais, etc. –, de que a literatura seria apenas um sintoma, indiferenciado entre tantos outros?

CAPÍTULO 4
A FORMAÇÃO DAS HISTÓRIAS LITERÁRIAS NACIONAIS

No mundo

Nos países ocidentais, foi em geral bastante semelhante o processo de surgimento e afirmação de uma historiografia literária nacional, não chegando a comprometer-lhe a unidade superior um ou outro detalhe específico de cada contexto nacional. É certo, no entanto, que a disciplina adquiriu em algumas nações um relevo que jamais alcançou em outras. Segundo Hans Ulrich Gumbrecht, isso ocorreu nos Estados nacionais que, submetidos a derrotas e humilhações, viram-se depois na contingência de ter que recuperar a autoestima perdida, o que determina a necessidade de afirmar as glórias nacionais, entre as quais seu patrimônio literário, assim transformado em objeto de uma área acadêmica dedicada ao seu estudo e valorização.[1] Ainda conforme Gumbrecht,

---

[1] Hans Ulrich Gumbrecht, "O Futuro dos Estudos de Literatura?", *Cadernos da Pós/Letras*, Rio de Janeiro, Universidade do Estado do Rio de Janeiro, n. 14, 1995, p. 18-19; idem, "The Origins of Literary Studies – and Their End?", *Stanford Humanities Review*, Stanford, vol. 6, n.1, 1998, p. 2; e idem, "The Tradition of Literary History in the Contemporary Epistemological Situation". In: José Luís Jobim et al. (org.), *Lugares dos Discursos*. Niterói (RJ), Eduff, 2006, p. 27-28.

teria sido esse o caso da Prússia, Itália, França e Espanha, países onde o gênero história da literatura prosperou com grande força em função de certos traumas por que passaram essas nacionalidades no século XIX, por oposição ao pouco desenvolvimento que conheceu, por exemplo, na Inglaterra e nos Estados Unidos, onde nada acontecera que provocasse movimentos nacionalistas reativos. A hipótese parece um tanto imaginosa, sobretudo se tivermos em conta uma espécie de contraprova com que o autor pretende reforçar o argumento:

> [...] os primeiros impulsos em direção a uma preocupação séria com a História da Literatura nas universidades americanas veio bastante tarde, nos anos de 1960 e 1970 (com a obra de Michel Foucault como inspiração principal) – o que significa que a História da Literatura nos Estados Unidos emergiu no momento pós-Vietnã de depressão nacional.[2]

De nossa parte, não vislumbramos a menor verossimilhança na asserção: não nos consta ter havido "preocupação séria com a História da Literatura" nas universidades norte-americanas no período histórico indicado, e não vemos como o pensamento de Foucault pudesse vir a estimular projetos de histórias literárias nacionais, nos Estados Unidos e onde quer que fosse; por fim, a proceder a informação sobre esse extemporâneo surto norte-americano de historiografia da literatura, seria estranho que ele se alimentasse apenas de nacionalismo reativo, quando os

---

[2] Hans Ulrich Gumbrecht, "The Tradition of Literary History in the Contemporary Epistemological Situation", op. cit., p. 38.

outros fundamentos da disciplina, nos planos estético e epistemológico, definitivamente não sobreviveram ao século XIX.

Seja lá como for, aplicada ao Brasil a hipótese se revela verossímil: afinal, entre nós a trajetória bem-sucedida da disciplina começa nas imediações da independência política, momento de evidente afirmação da autoestima – superação das "derrotas e humilhações" dos tempos coloniais –, e que como tal teria favorecido o desenvolvimento da história literária nacionalista, colocando-nos, nesse quesito, no mesmo plano de países como a Alemanha, a França, a Itália e a Espanha. Considerando assim que o caso brasileiro é representativo do modo por que a história da literatura se desenvolveu na maioria das culturas literárias nacionais do Ocidente – e isso independentemente de eventuais causas determinantes das diferenças regionais –, vamos descrevê-lo a título de uma ilustração concreta do processo.

No Brasil

A formação da história da literatura brasileira como disciplina se processa num período situado entre 1805 e 1888.[3] A primeira data corresponde à

---

[3] Podemos, contudo, recuar ao século XVIII o início da nossa historiografia literária, desde que consideremos como seu marco inaugural os repertórios biobibliográficos, antecedentes não narrativos da história literária propriamente dita. Tais repertórios consistem basicamente em notícias sobre autores e respectivas obras, colecionadas sob a forma de verbetes dispostos em ordem alfabética. Nesse gênero, possuímos a *Biblioteca Lusitana*, monumento barroco em quatro volumes, publicados em Lisboa de 1741 a 1759, de autoria do abade Diogo Barbosa Machado.

publicação do quarto volume da obra *Geschichte der Poesie und Beredsamkeit seit dem Ende des dreizehnten Jahrunderts*, intitulado *Geschichte der Portugiesischen Poesie und Beredsamkeit*, de autoria de Friedrich Bouterwek, onde a presença do Brasil, então ainda colônia de Portugal, se restringe à menção de dois escritores nascidos no país, Antônio José da Silva e Cláudio Manuel da Costa; a segunda, à publicação da *História da Literatura Brasileira* de Sílvio Romero, trabalho que, pela abrangência e fundamentação conceitual, atesta a consolidação da disciplina. Entre essas datas extremas, apareceram diversas contribuições, de importância e natureza variadas, devidas a autores nacionais e a estrangeiros. Vejamos genericamente tais contribuições, começando por aquelas devidas aos estrangeiros.

Autores estrangeiros

Podem estas ser classificadas em cinco categorias.

Em primeiro lugar, dispomos de obras que, no corpo de estudos historiográficos sobre a literatura portuguesa, fazem menção a alguns autores nascidos no Brasil. Além da referida, assinada pelo alemão Friedrich Bouterwek, pertencem a este grupo: *De la Littérature du Midi de l'Europe* (1813), do suíço Simonde de Sismondi; "História Abreviada da Língua e Poesia Portuguesa" – mais tarde publicada com o título de "Bosquejo da História da Poesia e Língua Portuguesa" –, introdução da antologia *Parnaso Lusitano* (1826), do português Almeida Garrett.

Numa segunda categoria, a história da literatura brasileira torna-se objeto de tratamento mais desenvolvido e autônomo, embora ainda permaneça como adendo à história da literatura portuguesa. Seu representante é um livro do francês Ferdinand Denis, intitulado *Résumé de l'Histoire Littéraire du Portugal, Suivi du Résumé de l'Histoire Littéraire du Brésil* (1826).

Numa terceira modalidade, enfim a produção brasileira será presença exclusiva. Nela se incluem dois estudos: o ensaio "De la Poesía Brasileña" (1855), do espanhol Juan Valera, originalmente estampado na *Revista Espanhola de Ambos os Mundos*, e o livro publicado em Buenos Aires (em português, no entanto) *A Literatura Brasileira nos Tempos Coloniais do Século XVI ao Começo do XIX: Esboço Histórico Seguido de uma Bibliografia e Trechos dos Poetas e Prosadores daquele Período Que Fundaram no Brasil a Cultura da Língua Portuguesa* (1885), de um certo Eduardo Perié.[4]

Numa quarta categoria, temos ensaios de teor mais crítico do que historiográfico. Integram-na as contribuições do alemão Carl Schlichthorst[5] – capítulo do livro *Rio de Janeiro wie es ist* (1829) – e dos portugueses José da Gama e Castro – carta-resposta a um leitor, publicada no *Jornal do Comércio* (Rio de Janeiro, 1842) – e Alexandre Herculano – "Futuro Literário de Portugal e do Brasil", artigo na *Revista Universal Lisbonense* (1847-1848).

Finalmente, uma quinta categoria é constituída pela obra *Le Brésil Littéraire – Histoire da la*

---

[4] Por mais que tentássemos, não encontramos nenhuma informação sobre o autor, presumivelmente um argentino.

[5] Quase nada se sabe sobre o autor, sendo ignoradas as datas de seu nascimento e de sua morte.

Littérature Brésilienne (1863), do austríaco Ferdinand Wolf (1796-1866), primeiro livro inteiramente dedicado à história da literatura brasileira.

Destas contribuições estrangeiras, cabe destacar a de Ferdinand Denis e a de Ferdinand Wolf.

O francês exerceu grande influência sobre os nossos românticos, com suas exortações ao nacionalismo literário, mediante as quais, com a autoridade de europeu, recomendava o corte de vínculos com o Velho Mundo. Assim, o seu *Résumé* se apresenta pontuado de passagens como a seguinte:

> A América, estuante de juventude, deve ter pensamentos novos e enérgicos como ela mesma; nossa glória literária não pode sempre iluminá-la como um foco que se enfraquece ao atravessar os mares, e destinado a apagar-se completamente diante das aspirações primitivas de uma nação cheia de energia. [...] a América deve ser livre tanto na sua poesia como no seu governo.[6]

O austríaco, por sua vez, além de também ter influído no meio brasileiro por seus incentivos para a adoção de uma perspectiva nacionalista na produção e apreciações literárias, tornou-se importante referência didática, pela circunstância de sua obra – escrita originalmente em alemão, depois traduzida para o francês e publicada em Berlim sob os auspícios do imperador Pedro II – figurar entre os compêndios adotados na escola brasileira do século XIX.

---

[6] Ferdinand Denis apud Guilhermino César (seleção e apresentação), *Historiadores e Críticos do Romantismo; 1 – A Contribuição Europeia: Crítica e História Literária*. Rio de Janeiro, Livros Técnicos e Científicos; São Paulo, Edusp, 1978, p. 36.

Autores brasileiros

Passemos agora ao exame dos trabalhos devidos aos autores nacionais, começando por estabelecer uma divisão desse *corpus* em suas modalidades básicas.

Inicialmente, temos as antologias de poesia, na época chamadas *parnasos* ou *florilégios*, precedidas de prólogos que algumas vezes assumem proporções de sínteses historiográficas. Há também ensaios que constituem declarações de princípios sobre a ideia de literatura brasileira, envolvendo tanto reconstituições e avaliações do passado quanto projetos para as produções do presente e do futuro. Existem ainda estudos sobre a vida de escritores, constituindo as chamadas *galerias*, coleções de biografias de "varões ilustres" e "brasileiras célebres". As edições de textos, por seu turno, formam categoria à parte, com aparato composto por notícia biográfica sobre os respectivos autores, juízos críticos e notas explicativas. Por fim, temos as histórias literárias em sentido estrito, isto é, obras interessadas em estabelecer periodizações e sínteses historiográficas, então chamados *cursos* e *resumos*, atentos menos à individualidade dos autores do que ao panorama das épocas sucessivas.[7]

---

[7] À lista desses gêneros em que se desdobra a historiografia literária brasileira em sua fase inaugural deve-se acrescentar o *Dicionário Bibliográfico Brasileiro*, de Sacramento Blake, sete volumes publicados de 1883 a 1902. Trata-se de obra na verdade talhada segundo o modelo pré-historicista das chamadas *bibliotecas*, cujo antecedente remoto, no âmbito da língua portuguesa, é a *Biblioteca Lusitana* (1741-1759), de Diogo Barbosa Machado (ver nota 14), e o próximo, o *Dicionário Bibliográfico Português* (1858-1923), subintitulado aliás "estudos aplicáveis a Portugal e ao Brasil", por se tratar de publicação posterior à separação política entre os dois países.

Vejamos a seguir alguns destaques em cada modalidade.

Entre as antologias, a mais antiga é o *Parnaso Brasileiro* (1829-1832), de Januário da Cunha Barbosa, obra que dispõe de dois sumários textos introdutórios, ambos de escasso valor como notícia historiográfica. Posteriormente, apareceram outras antologias melhor estruturadas e com prólogos mais extensos e informativos: um segundo *Parnaso Brasileiro* (1843-1848), de Pereira da Silva; o *Florilégio da Poesia Brasileira* (1850-1853), de Francisco Adolfo de Varnhagen; o *Mosaico Poético* (1844), de Joaquim Norberto e Emílio Adet. Integram ainda o rol das antologias algumas outras obras: *Meandro Poético* (1864), de Fernandes Pinheiro, sem prólogo de conteúdo historiográfico, mas apresentando informações sobre os vários autores selecionados; *Curso de Literatura Brasileira* (1870) – antologia, não obstante o título – e um terceiro *Parnaso Brasileiro* (1885), ambos de Melo Morais Filho, e pobres de informações historiográficas.

Entre os textos que podemos reunir na rubrica *declarações de princípios* figuram verdadeiros manifestos românticos, empenhados tanto em avaliar o passado literário do país segundo premissas nacionalistas – acentuando a identificação crescente de nossa produção com a especificidade da natureza e da história brasileiras –, quanto em projetar um futuro em que os últimos indícios de submissão colonial à Europa viessem a ser definitivamente superados. O paradigma dessa modalidade é o "Ensaio sobre a História da Literatura do Brasil" (1836) – cujo título em edição posterior (1865) teria a primeira palavra alterada para "Discurso" –, de Gonçalves de Magalhães, escritor considerado por seus contemporâneos como o "chefe da escola romântica". Trata-se de estudo originalmente publicado no primeiro número da revista *Niterói*, periódico lançado em Paris no ano de 1836, com o intuito de promover o romantismo no Brasil. Nessa modalidade, destacam-se também dois ensaios de Santiago Nunes Ribeiro, sob o título "Da Nacionalidade da Literatura Brasileira" (1843), publicados na revista *Minerva Brasiliense*, periódico do Rio de Janeiro dedicado à divulgação das ideias românticas.

Na modalidade *galerias*, destacam-se *Plutarco Brasileiro* (1847) – do já citado Pereira da Silva –, livro depois republicado em versões bastante alteradas sob o título de *Varões Ilustres do Brasil durante os Tempos Coloniais* (1856 e 1868); *Biografias de Alguns Poetas e Homens Ilustres da Província de Pernambuco* (1856-1858), de Antônio Joaquim de Melo (1794-1873); *Brasileiras Célebres* (1862), de Joaquim Norberto; *Panteon Maranhense* (1873-1875), de Antônio Henriques Leal (1828-1885).

Entre as edições de textos, contam-se os trabalhos dos antes mencionados Joaquim Norberto e Francisco Adolfo de Varnhagen. O primeiro é responsável por diversas edições de poetas do seu século e do século XVIII: Gonzaga (1862), Silva Alvarenga (1864), Alvarenga Peixoto (1865), Gonçalves Dias (1870), Álvares de Azevedo (1873), Laurindo Rabelo (1876), Casimiro de Abreu (1877); o segundo, por edições dos poemas setecentistas de José Basílio da Gama (*O Uraguai*, 1769) e José de Santa Rita Durão (*Caramuru*, 1781), reunidos no livro *Épicos Brasileiros*

(1845), bem como por textos de um poeta – Bento Teixeira – e de prosadores – Vicente do Salvador, Ambrósio Fernandes Brandão, Gabriel Soares de Sousa – do período colonial. Deve-se destacar também a edição do primeiro volume impresso das obras de Gregório de Matos – poeta até então publicado apenas em antologias –, aparecido em 1882, sob a responsabilidade de Alfredo do Vale Cabral.

Por fim, entre as narrativas mais extensas do processo literário – as histórias literárias em sentido estrito, concebidas com propósitos didáticos, aliás explícitos em seus títulos –, figuram obras de Fernandes Pinheiro e Francisco Sotero dos Reis.

O primeiro é autor do *Curso Elementar de Literatura Nacional* (1862), que, não obstante o título, não trata apenas da literatura brasileira, mas também da portuguesa, que inclusive ocupa o maior espaço da obra. É que, segundo Fernandes Pinheiro, só haveria literatura brasileira distinta da portuguesa a partir da independência e do romantismo, pois, até então, ainda que

> [...] certa fisionomia própria [...] caracteriza[sse] os poetas americanos, e [...] os extrema[sse] de seus irmãos de além-mar [,tais] diferenças [,] provenientes da influência do clima e dos costumes, [...] não eram suficientes para constituir uma literatura independente.[8]

Também de sua autoria é o *Resumo de História Literária* (1873), em que permanece fiel à tese exposta

---

[8] Joaquim Caetano Fernandes Pinheiro, *Historiografia da Literatura Brasileira; Textos Inaugurais [1862]*. Org., apres. e notas Roberto Acízelo de Souza. Rio de Janeiro, Eduerj, 2007, p. 212.

no *Curso* quanto à separação tardia entre as literaturas portuguesa e brasileira. A obra tem a pretensão, bem própria do historicismo romântico – que hoje nos pareceria ingênua –, de abranger a literatura de todas as épocas e países. Assim, seu primeiro volume, além dos prolegômenos usuais, apresenta capítulos dedicados às literaturas orientais, hebraica, grega, latina, italiana, francesa, inglesa (complementado por apêndice sobre o que chama *literatura anglo-americana*), alemã e espanhola (complementado por apêndice sobre o que chama *literatura hispano-americana*), enquanto o segundo volume cobre o espaço da língua portuguesa, subdividindo-se em duas partes: literatura portuguesa e literatura luso-brasileira.

Francisco Sotero dos Reis, por seu turno, é autor do *Curso de Literatura Portuguesa e Brasileira* (1866-1873). O conteúdo relativo à literatura brasileira é tratado em parte dos volumes quarto e quinto, devendo assinalar-se que o autor começa a sua narrativa e análises com poetas do século XVIII, por ele considerados "precursores", cabendo apenas aos escritores do período pós-independência inclusão no que chama "literatura brasileira propriamente dita".

Entre essas obras empenhadas em estabelecer periodizações e traçar panoramas generalistas do processo literário, deve-se referir ainda uma *História da Literatura Brasileira* planejada por um autor antes aludido, Joaquim Norberto. Ao contrário das demais semelhantes anteriormente citadas, esta não tem objetivos didáticos, constituindo-se em apaixonada afirmação de ideias românticas relativas ao conceito de literatura brasileira, o que explica sua valorização da natureza grandiosa e edênica, bem como dos primitivos habitantes do país – os índios –, vistos como elementos propiciadores do desenvolvimento de uma literatura original e autenticamente brasileira. Publicada sob a forma de capítulos em números sucessivos de um periódico romântico do Rio de Janeiro – a *Revista Popular* –, entre os anos de 1859 e 1862, a obra não chegou a ser concluída, não se transformando, portanto, no livro que o autor se propusera posteriormente organizar.[9]

Podemos ainda acrescentar às cinco modalidades de produção historiográfica que procuramos distinguir – antologias, declarações de princípios, galerias, edições de textos, histórias literárias *stricto sensu* – ensaios não propriamente historiográficos, mas de natureza crítica, sintonizados porém com a história literária pela circunstância de que se servem do *Leitmotiv* desta – o nacionalismo – como referencial para análises de valor. Nesse tipo de estudo, cabe destacar o "Ensaio Crítico sobre a Coleção de Poesias do Sr. D. J. G. de Magalhães" (1833), de Justiniano José da Rocha, publicado na *Revista da Sociedade Filomática*; "*A Moreninha*, por Joaquim Manuel de Macedo" (1844), de Dutra e Melo, estampado na revista *Minerva Brasiliense*; "José Alexandre Teixeira de Melo: *Sombras e Sonhos*" (1859), de Macedo Soares, aparecido na *Revista Mensal do Ensaio Filosófico Paulistano*. Pode-se ainda incluir nesse conjunto também a extensa e importante

---

[9] Organizaram-se recentemente, contudo, duas edições póstumas reunindo os capítulos que chegaram a ser escritos: *Capítulos de História da Literatura Brasileira; e Outros Estudos*. Edição e notas José Américo Miranda e Maria Cecília Boechat. Belo Horizonte, Faculdade de Letras da UFMG, 2001; *História da Literatura Brasileira; e Outros Ensaios*. Org., apres. e notas Roberto Acízelo de Souza. Rio de Janeiro, Zé Mário Ed./Fundação Biblioteca Nacional, 2002.

produção crítica de José de Alencar, que consiste em boa medida numa reflexão acerca do significado de sua própria obra no empenho coletivo de se construir uma expressão literária genuinamente nacional.

Para concluir, mencionemos os novos rumos que vão tomando os estudos historiográficos já a partir de fins dos anos de 1860, porém melhor definidos nas décadas de 1870 e 1880. Tem início então a ultrapassagem da perspectiva romântica, cujo tom declamatório e ufanista vai cedendo lugar a uma linguagem mais analítica, que em geral procura fundamentar sua objetividade nos grandes sistemas de pensamento que ao mesmo tempo derivaram do romantismo e promoveram a sua contestação, como o positivismo, o evolucionismo, o determinismo e o transformismo. Entre os autores dessa fase pós-romântica, façamos alguns destaques.

Comecemos por Machado de Assis. Seu pensamento crítico, entre outras contribuições, sem aderir às atitudes antirromânticas referidas, procurou rever o princípio romântico da chamada *cor local*, argumentando que o caráter nacional das manifestações literárias não se define por evidências exteriores – que ele sintetizou mediante a expressão *instinto*, colocada em destaque no título de um ensaio famoso: "Notícia da Atual Literatura Brasileira: Instinto de Nacionalidade" (1873) –, como, por exemplo, a figuração de paisagens típicas, mas por qualidades por assim dizer mais entranhadas e por isso de alcance universal.

Além de Machado de Assis, devem ainda ser mencionados Capistrano de Abreu, Araripe Júnior, Sílvio Romero e José Veríssimo. O primeiro cedo abandonou os estudos literários pelos de história; Araripe,

Romero e Veríssimo, por sua vez, constituiriam as três principais referências brasileiras no campo dos estudos literários na passagem do século XIX para o XX, cabendo assinalar que Sílvio em 1888 e Veríssimo em 1916, com a publicação de suas respectivas *Histórias da Literatura Brasileira*, oferecem contribuições decisivas no processo de consolidação da disciplina.

Ensino

Indicamos, como datas extremas do processo de formação da história da literatura brasileira como disciplina, os anos de 1805 e 1888. Isso, contudo, tendo em vista sua trajetória como trabalho intelectual traduzido na publicação de obras diversas. Consideremos agora a cronologia de sua institucionalização como matéria de ensino. Nesse caso, o marco inaugural é 1850, ao passo que a consumação do processo se dá somente em 1892. Vejamos em síntese os detalhes.

Esclareça-se inicialmente que nos baseamos nos programas escolares do Colégio Pedro II, pressupondo sua plena representatividade do sistema nacional de ensino, considerando que aquele estabelecimento fora fundado em 1837 com a finalidade, definida em lei, de constituir-se como modelo para a educação no País, servindo pois de padrão para as escolas que viessem a ser fundadas nas diversas províncias do Império.

O primeiro desses documentos preservado data de 1850.[10] Nele, a programação referente ao sétimo

---

[10] Pode ser mesmo que tenha sido o primeiro efetivamente elaborado e impresso, inaugurando assim o Colégio a praxe de publicar anualmente os programas das disciplinas do seu currículo, praxe que teria continuidade ao longo do século XX.

ano da disciplina de retórica, incorporando um repertório literário de cunho universalista que vai de Homero a Milton e Voltaire, reserva espaço mínimo à história literária do Brasil: estuda-se uma única obra, o poema épico *Caramuru*, de Santa Rita Durão.

O ano de 1858 constitui nova estação do percurso: pela primeira vez aparecem as expressões "literatura nacional" e "literatura brasileira", no programa da disciplina retórica e poética, do sétimo ano.

A tendência se aprofunda em 1860, quando enfim, no currículo do sétimo ano, passa a ser ministrada uma disciplina autônoma, chamada *literatura nacional*. Seu conteúdo contempla também literatura portuguesa, que aliás ocupa vinte pontos, sendo apenas oito consagrados à literatura brasileira.

Em 1879, porém, a seção dita *literatura nacional*, da disciplina do sexto ano rotulada de *retórica, poética e literatura nacional*, passa ocupar-se pela primeira vez exclusivamente com literatura brasileira, eliminando por completo obras e autores portugueses. Por fim, a escalada da matéria rumo à sua plena institucionalização completa-se em 1892, quando, sob o nome de *história da literatura nacional*, torna-se a única representante do ensino literário no currículo escolar, eliminadas que são a retórica e a poética, disciplinas com que não só dividia espaço desde 1850, mas às quais claramente se subordinava no plano de estudos do Colégio Pedro II, destinado à formação de bacharéis em Letras.[11]

---

[11] Literatura brasileira não foi a única disciplina de história literária introduzida no currículo do Colégio Pedro II ao longo do século XIX: como vimos, literatura portuguesa conservou-se em geral no plano de estudos ao longo dos anos, e a partir de 1881 se introduz uma disciplina que alternou os nomes de *história literária* e *história da*

Se mencionarmos agora os materiais didáticos referidos nos programas como apoio ao seu ensino, podemos verificar as relações entre as duas frentes mencionadas de formação da historiografia da literatura brasileira, o campo da pesquisa e o da sua institucionalização como disciplina escolar.

Nesse sentido, observe-se o que consta do programa de 1858 em relação ao tópico *literatura nacional* dele constante: "Enquanto não houver um compêndio próprio, o professor fará em preleções um curso [...]".[12] No programa de 1862, porém, já é adotado um "compêndio próprio", que vem a ser o *Curso Elementar de Literatura Nacional*, de Fernandes Pinheiro, por sinal publicado em primeira edição justamente naquele ano. Como, no entanto, segundo vimos, em 1879 pela primeira vez o programa se ocupa exclusivamente com literatura brasileira, provavelmente em função desse fato o *Curso* de Fernandes Pinheiro acabou preterido, pois, conforme assinalamos anteriormente, apesar de ostentar no título o adjetivo *nacional*, a obra na verdade tratava também de literatura portuguesa, aliás matéria nela contemplada com maior espaço do que o concedido à brasileira. Passa então a ser adotado pelo programa daquele ano um livro de 1863, *Le Brésil Littéraire*, de Ferdinand Wolf, o que cria uma situação pelo menos curiosa para o olhar de hoje, e bastante sintomática do caráter ainda

---

literatura geral, cujo conteúdo, irrealístico e descomedido à luz dos critérios de hoje, incluía as literaturas de todos os tempos e espaços, das chamadas *orientais*, passando pelas clássicas, até as principais literaturas nacionais modernas.

[12] Cf. Roberto Acízelo de Souza, "Apêndice I: Programas de Ensino do Colégio Pedro II/Ginásio Nacional (1850-1900)". In: *O Império da Eloquência; Retórica e Poética no Brasil Oitocentista*. Rio de Janeiro, Eduerj; Niterói (RJ), Eduff, 1999, p. 164.

àquela altura precário da presença institucional não só da história literária nacional como disciplina, mas da própria literatura brasileira: uma obra escrita em alemão por um austríaco, traduzida para o francês, publicada em Berlim e adotado como livro didático para o ensino de literatura brasileira no Brasil. Tal situação, talvez sentida como incômoda na época, só se alteraria com o programa escolar de 1892, justamente o ano que consagra a disciplina com a designação de *história da literatura nacional*: dispensa-se enfim o manual do professor vienense e passa a ser adotada a *História da Literatura Brasileira*, do sergipano Sílvio Romero, publicada em primeira edição quatro anos antes.

Pode-se assim considerar concluído o processo de institucionalização da historiografia da literatura brasileira como matéria escolar, tanto de fato quanto no plano simbólico. A partir de então, a disciplina se instala com destaque no sistema da educação nacional, primeiro no currículo do nível médio, e depois, com a fundação dos cursos superiores de Letras no País, também no universitário. Assim, nos primeiros ensaios desses cursos no Brasil, no período que vai de 1908 a 1932, muito provavelmente terá sido ensinada, o que, contudo, só será possível confirmar à vista de documentação competente, até o momento indisponível, pelo menos segundo o que nos consta. É certo, no entanto, que a disciplina figurou no currículo dos cursos universitários de Letras que enfim se firmaram entre nós, a partir de 1933,[13] tendo sido

---

[13] Caso dos cursos instituídos nos anos de 1930, e que, consolidando-se – ao contrário das tentativas anteriores, de 1908 a 1932 –, permanecem em funcionamento até o presente: PUC/SP (1933), USP (1934), UFRJ (1935), UFPR (1938), UERJ e UFMG (1938).

inclusive tornada obrigatória, com o nome de *literatura brasileira*, pela legislação federal que disciplinou tais cursos no ano de 1939.[14] Conservaria esse *status* com a reforma de 1962[15] – já então, porém, dividindo espaço com teoria da literatura – e, embora a legislação atualmente em vigor[16] não prescreva nenhuma disciplina como obrigatória, deixando a organização curricular a critério de cada instituição, os cursos de Letras das faculdades do Brasil continuam ensinando literatura brasileira, e não há sinais de que um dia pretendam deixar de fazê-lo.

---

[14] Brasil, Decreto-lei nº 1.190, de 04/04/1939.
[15] Conselho Federal de Educação. *Parecer nº 283/62*, de 19/10/1962.
[16] Conselho Nacional de Educação/Câmara de Ensino Superior, *Parecer nº 492/2001*, de 03/04/2001.

CAPÍTULO 5
A HISTÓRIA LITERÁRIA E OS MÉTODOS DA HISTÓRIA

O problema da interdisciplinaridade

Nos últimos trinta ou quarenta anos a questão das relações entre as diversas áreas do conhecimento tornou-se verdadeira fixação, de modo que o termo *interdisciplinaridade* e suas variações virou um verdadeiro mantra, sendo por conseguinte tomado muito mais como artigo de fé do que como categoria que se defina e cuja operacionalidade se demonstre. Por outro lado, é surpreendente que a noção seja apresentada como descoberta, quando as humanidades, por definição, desde as origens clássicas do conceito sempre constituíram um campo onde vários saberes se cruzam ou convergem.

De nossa parte, longe de negar a pertinência e a importância de se estudarem tais relações, julgamos que é preciso, no entanto, evitar um procedimento infelizmente muito difundido. Referimo-nos àqueles projetos em que o especialista de uma área desliza na superfície de outra que no máximo conhece pela rama, sem propósito claro nem instrumentalização conceitual consistente, o que tem por resultado uma dolorosa gratuidade ou a exibição de um ecletismo inconsequente.

Um modo de tratar de problemas interdisciplinares sem incorrer nesse tipo de extravio frequente é, por exemplo, tomar um certo conjunto de conceitos comuns a uma ou mais áreas com vistas a analisar-lhes o funcionamento em cada uma delas, verificando ainda eventuais diferenças nas apropriações disciplinares de um mesmo conceito. Este é o procedimento que adotaremos para uma breve reflexão sobre as relações entre a teoria da história e a da história da literatura, tomando por referências as noções de *fato*, *valor* e *narratividade*.

Fato

O conceito de *fato*, antes de ser específico da teoria da história, integra o corpo de questões da alçada da epistemologia. No âmbito da história, no estado em que se encontra hoje a teoria, *fato histórico* é uma noção problemática e um tanto desmoralizada. Decaiu da condição de base da concepção positivista de história para a de indutora de um entendimento da disciplina em nível de senso comum. Ora, não é diferente o seu *status* na área dos estudos literários. Os historiadores, no entanto – salvo aqueles mais identificados com a chamada *virada linguística*[1] e, pois, com o ceticismo pós-moderno –, diferentemente da maioria dos teóricos da literatura, ao fim e ao cabo ainda concedem alguma importância aos fatos.

---

[1] A expressão traduz o inglês *linguistic turn*, podendo assim definir-se: "[...] reviravolta no estudo das humanidades, que deixaram de ter como guia a referência na realidade para privilegiar a maneira como ela é verbalmente trabalhada" (Luiz Costa Lima, *História/Ficção/Literatura*. São Paulo, Companhia das Letras, 2006, p. 27).

Admitem que tudo é construção, interpretação, etc., etc., como em geral o fazem os especialistas em literatura, mas em última instância concedem que suas hipóteses devem de algum modo conformar-se aos fatos. Ora, contrariando a tendência majoritária nos estudos literários da atualidade, julgamos que a investigação da literatura, sem renunciar a uma dimensão abstratizante e especulativa, não pode prescindir de contato com coisas concretas (por exemplo, uma data, uma instituição, um processo técnico de composição, etc.), a exemplo de como procede a história. Acreditamos, por conseguinte, que é razoável conceber os estudos literários como um campo acessível por dois caminhos distintos e até um tanto antagônicos, porém passíveis de relativa convergência: o da especulação e o dos fatos; chamemos ao primeiro *via teórica*, e ao segundo – se não melindrarmos os historiadores por designar tal caminho com nome derivado de sua disciplina, referenciando-o a uma noção estigmatizada como positivista –, *via histórica*.

Valor

Do fato passemos ao *valor*. Eis aí outra noção que frequenta a terminologia de várias disciplinas (ética, linguística, matemática e economia, por exemplo), e que naturalmente não é estranha aos estudos literários, sendo ao contrário crucial para eles, especialmente no caso da crítica literária.

Na teoria da história, valor tem a ver com interpretação dos fatos, retirando seus fundamentos de critérios sobretudo políticos e éticos; nos estudos literários, igualmente se relaciona com interpretação, com a diferença de basear-se, pelo menos a partir de meados do século XVIII, em princípios estéticos. Em ambas as áreas, porém, pode-se partir para um enfrentamento direto da questão do valor: então o crítico emite juízos sobre a qualidade das composições literárias, enquanto o historiador se pronuncia, por exemplo, sobre os méritos de uma revolução. Tanto um quanto o outro correm o risco de julgar segundo suas preferências pessoais ou a partir de bases arbitrárias, razão por que é sempre preferível um modo alternativo de lidar com o problema do valor.

Quanto a isso, acreditamos que a história tem saídas normalmente melhores do que aquelas usuais na área de literatura. É que os historiadores, talvez por serem mais respeitosos em relação aos fatos (se é que procede a observação antes feita), conseguem com mais facilidade esquivar-se da compulsão de julgar, adotando procedimentos descritivos mais do que avaliativos na apresentação dos seus objetos. Ou então, enfrentam o problema do valor por meios indiretos: em vez de proferirem juízos frontais sobre os processos que investigam, expõem os julgamentos que vêm suscitando, e com isso fazem sobressair a pluralidade de pontos de vista sobre um mesmo evento, pelo confronto de versões antagônicas ou interpretações divergentes. O resultado naturalmente será ressaltar a complexidade das questões em causa, e ao mesmo tempo criar condições para que o leitor, a partir dos subsídios que lhe são apresentados, possa construir seu próprio juízo.

Essas alternativas não são estranhas aos estudos literários, embora nestes talvez o compromisso com a crítica – e pois com a ideia de que obras de arte se destinam à *apreciação*, isto é, à atribuição de certo preço ou valor – seja muito mais agudo nas letras do que na história. Assim, no âmbito dos estudos literários tanto se encontram esforços de descrições pretensamente neutras quanto estratégias de substituir o simplismo dos julgamentos diretos por apresentações das múltiplas e com frequência desencontradas avaliações de autores e obras – as chamadas *fortunas críticas* –, com o intuito de analisar-lhes as bases e as motivações.

Narratividade

Quanto à *narratividade*, trata-se, como é óbvio, de conceito elaborado originariamente no campo das letras, mais precisamente, no âmbito da classificação retórica dos gêneros do discurso escrito, responsável pela distinção entre os modos narrativo, descritivo e dissertativo. Deslocada para a teoria da história, a ideia de narratividade vem sendo utilizada para caracterizar o *status* epistemológico dos relatos historiográficos, enquanto distinto da condição própria às explanações teóricas, de cunho dissertativo e assinaladas pelo emprego de procedimentos lógico-dedutivos. De torna-viagem para a área da literatura, cremos que, se descartarmos a posição extrema de que não há fatos mas só narrativas, podemos retomar e matizar a concepção que antes formulamos sobre a duplicidade de acesso ao campo dos estudos literários: o caminho da teoria – lógico-dedutivo, abstratizante e dissertativo – e a via da história – cronológico-factual, concretizante e narrativa.

CAPÍTULO 6
PERTINÊNCIA DA HISTÓRIA LITERÁRIA

Como disciplina, a história da literatura se manteve na defensiva praticamente durante todo o século XX. Entre muitos pronunciamentos que assinalam sua falência, lembremos um que referimos de passagem anteriormente, o de Hans Robert Jauss, na abertura de sua famosa conferência de 1967:

> A história da literatura vem, em nossa época, se fazendo cada vez mais mal afamada – e aliás não de forma imerecida. [...] Todos os seus feitos culminantes datam do século XIX. Hoje, [...] a história da literatura, em sua forma tradicional, vive tão somente uma existência nada mais que miserável, tendo se preservado apenas na qualidade de uma exigência caduca do regulamento dos exames oficiais.[1]

Entre nós, Luiz Costa Lima, além de outros estudiosos, vem diversas vezes batendo na mesma tecla: "[...] a função concedida à História da Literatura, desde o princípio do século XIX, [...] passa a

---

[1] Hans Robert Jauss, *A História da Literatura como Provocação à Teoria Literária*. São Paulo, Ática, 1994, p. 5.

representar um grave obstáculo para a avaliação do objeto 'literatura'".[2]

Sentenças desse tipo, proferidas em tribunais acadêmicos de última instância, intimidam qualquer tentativa de defesa da acusada. No entanto, vamos tentar defendê-la, considerando o serviço imprescindível que a disciplina efetivamente presta na formação de especialistas em estudos literários.

Façamos primeiro o sumário de culpa da ré, enumerando os principais delitos que lhe são imputados: aceita uma noção sumária e grosseira de literatura; professa um evolucionismo linear; contenta-se com um nacionalismo acrítico e exclusivista; concebe as circunstâncias do contexto – físico-geográficas, étnicas, históricas, culturais, sociais, econômicas – como fatores positivos e verificáveis, tomando-os ainda como determinantes da produção literária.

Diríamos, contudo, que tais supostos delitos são na verdade apenas suas limitações, e não desvios de conduta por que deva ser condenada. Afinal a teoria da literatura, que lhe atirou a primeira pedra, também apresenta limitações, pelas quais de resto vem sendo arguída. Preferimos assim entender essas duas disciplinas não numa chave evolucionista, que nos conduziria a conceber a teoria da literatura como um saber mais avançado que teria superado o estágio do conhecimento constituído pela história da literatura. Antes, cada uma dessas disciplinas consiste numa certa representação da literatura, e no máximo pode-se dizer que as explicações do objeto literário propostas pela teoria

---

[2] Luiz Costa Lima, "A Estabilidade da Noção de História da Literatura no Brasil". In: José Luís Jobim et al. (org.), *Sentidos dos Lugares*. Rio de Janeiro, Abralic, 2005, p. 53.

são mais refinadas e profundas do que aquelas sugeridas pela história. Seria pois tão pretensioso quanto ingênuo imaginar que, só pela circunstância de corresponder a uma etapa do conhecimento que nos é contemporânea, a teoria simplesmente teria derrogado o saber construído anteriormente às suas conquistas próprias. Se não nos enganamos, os físicos não procedem desse modo no que se refere à sua disciplina: não afirmam que a física clássica de Newton está errada, e que certa é apenas a teoria da relatividade proposta por Einstein; eles admitem que ambas estão corretas, e que diferem tão somente quanto à extensão e nível de aplicabilidade de suas respectivas proposições.

Tentemos agora especular um pouco sobre os fundamentos dessa rejeição tão veemente da história da literatura, aqui exemplificada nos trechos referidos de Jauss e Costa Lima.

Quer-nos parecer que no fundo dessa rejeição liminar existe um pressuposto construtivista radical e nunca explicitado. A história da literatura, assim, por sua suposta ilusão de constituir a representação "natural" da literatura – tem a pretensão de trabalhar com "fatos", como datas, vidas dos autores, condicionamentos socioculturais das obras, etc. –, simplesmente não pode ser levada a sério, pois todo conhecimento é construído, e ponto final. Para desmoralizar, aliás, essa ideia de que existem "fatos" históricos passíveis de conhecimento positivo, Terry Eagleton faz a seguinte graça no seu famoso manual de introdução à teoria da literatura:

> Há uma diferença óbvia entre referir um fato, como "Esta catedral foi construída em 1612", e registrar um juízo de valor, como "Esta catedral é um

magnífico exemplar de arquitetura barroca". Mas suponhamos que eu tenha feito o primeiro tipo de afirmação ao mostrá-la a um visitante de além-mar em excursão pela Inglaterra, tendo verificado que a afirmação o deixou consideravelmente perplexo. Por que, perguntaria ele, você insiste em me dizer as datas de construção de todos esses edifícios? Por que essa obsessão com origens? Na sociedade em que vivo, continuaria ele, não mantemos registros de tais eventos: em vez disso, classificamos nossos edifícios segundo eles fiquem de frente para o noroeste ou para o sudeste.[3]

O endereço do petardo é óbvio: a "obsessão com as origens", isto é, a história, é uma construção tão arbitrária quanto qualquer outra, pois absolutamente não há "fatos", mas só "construtos". Ora, não será esse fundamentalismo construtivista o pressuposto conceitual que leva à estigmatização da história da literatura, disciplina que, na melhor das hipóteses, seria uma sobrevivência inútil – "exigência caduca do regulamento dos exames oficiais", como quer Jauss –, ou, na pior, como denuncia Costa Lima, um trambolho a inviabilizar a própria meta dos estudos literários, isto é, "a avaliação do objeto 'literatura'"?

Da nossa parte, preferimos um outro encaminhamento da questão.

Que toda disciplina tenha um ingrediente – aliás decisivo – de arbítrio e construção não nos parece algo a se pôr em dúvida. No entanto, que as disciplinas – salvo aquelas dos campos da lógica e da matemática –,

---

[3] Terry Eagleton, *Teoria da Literatura: Uma Introdução*. [1983] São Paulo, Martins Fontes, 1997, p. 13.

entre suas propriedades, além de coerência interna, tenham também um elemento referencial, eis outra proposição que subscrevemos sem nenhuma vacilação.

A propósito disso, voltemos à passagem de Eagleton antes citada. Ele pretende demonstrar, com a situação que imagina, que somos todos vítimas, pelo menos no âmbito da cultura ocidental, de uma espécie de alucinação coletiva, de que ele tem o diagnóstico: "a obsessão com as origens". Ora, creio que ele próprio, um construtivista tão convicto, há de admitir que a humanidade não foi sempre assim obcecada pelas origens: isso é uma construção do século XIX, e nos adveio, portanto, com o historicismo, ponto de vista epistemológico hegemônico naquele período, e portanto ele próprio histórico e contingente. Logo, se transitarmos pelo conhecimento conquistado antes do século XIX, estabelecido, por conseguinte, fora de uma visada historicista, não deveríamos encontrar preocupação com registros cronológicos e periodização, providências gnosiológicas não necessárias, mas apenas de praxe no âmbito das obsessões historicistas.

No entanto, se testarmos essa hipótese na área dos estudos literários, ela não se confirma. Vejamos apenas dois exemplos, entre diversos outros que não seria difícil recolher. Muito antes de o historicismo, por mera contingência – dirão os construtivistas –, ter estipulado que conhecer a literatura consistia no rastreamento de suas realizações na linha do tempo, Aristóteles, na sua *Poética*, dedica um capítulo inteiro – o IV – a um histórico da poesia. Na edição de que nos servimos, o mencionado capítulo tem por ementa "Origens da poesia. Causas. História da poesia trágica e cômica", e nele encontramos enunciados como: "[...] nascida de um princípio improvisado [...], a tragédia pouco a pouco foi evoluindo [...]. Ésquilo foi o primeiro que elevou de um a dois o número de atores, diminuiu a importância do coro e fez do diálogo protagonista. Sófocles introduziu três atores e a cenografia".[4] Quintiliano, por sua vez, é ainda muito mais analítico na apresentação de subsídios historiográficos. Na versão portuguesa que utilizamos de suas *Instituições Oratórias*, questões de natureza historiográfica aparecem tratadas no capítulo VI ("Origem da Eloquência, e da Retórica") do Livro Primeiro, e sobretudo no capítulo VII ("História da Retórica") do mesmo Livro, onde o autor chega inclusive a estabelecer uma periodização da retórica dos gregos e depois da retórica dos romanos, reconhecendo em cada qual três épocas distintas.

Ora, esse interesse pela perquirição historiográfica sem qualquer vínculo com o historicismo, e em épocas tão distintas, como são o tempo de Aristóteles e o de Quintiliano, parece contrariar a hipótese construtivista segundo a qual esse gênero de empenho cognitivo não passaria de uma invenção oitocentista, contingente, portanto, e, se não completamente arbitrária, pelo menos determinada por fatores que nada têm a ver com a submissão do conhecimento à evidência substantiva e imperiosa dos fatos. Se assim for, muito pelo contrário, o conhecimento historiográfico teria algo de *necessário*, não sendo pois pura contingência; isso explicaria, por exemplo, a indiferença por se saber se a fachada de uma catedral se volta para o noroeste ou para o sudeste, e, em contrapartida, o

---

[4] Aristóteles, *Poética*. Tradução, prefácio, comentário e apêndices de Eudoro de Sousa. Porto Alegre, Globo, 1966, p. 72.

grande interesse em apurar-se exatamente o ano de sua fundação. Em outros termos, e isso pode soar como verdadeiro sacrilégio numa época como a nossa, dominada por uma espécie de epistemologia da desconfiança para a qual todo saber não é senão arranjo conceitual sem lastro substantivo, haveria na história da literatura, precisamente por sua condição de conhecimento de cunho historiográfico, elementos instalados na "ordem natural das coisas". Saber pois que tal escritor nasceu no século XV e aquele outro no XVI, longe de ser um interesse caprichoso e inconsequente, constituiria sim informação *primária*, não no sentido de sem importância e simplória – bem entendido –, mas no de fundamental, ou *primeira*, na ordem lógica dos nexos a se estabelecerem entre os conteúdos que se pretenda organizar num quadro de conhecimento sobre a literatura. Ora, subministrar informações desse tipo, sem as quais não se pode sequer dar um mísero passo no campo dos estudos literários, é atribuição inalienável da história da literatura, disciplina de que, portanto, não pode prescindir o especialista da área. Intriga-nos bastante, portanto, o pouco caso que dela fazem muitos professores universitários, e perguntamo-nos se poderiam eles ter dispensado, no processo de suas próprias formações, as noções, os instrumentos, os dados enfim disponibilizados pela matéria cuja desimportância fazem questão de sublinhar para seus alunos. Convencidos de que essa campanha de desmoralização da história da literatura como disciplina constitui um doloroso equívoco – se não for, para dizer de modo mais duro, mero sensacionalismo irresponsável –, julgamos útil uma reflexão sobre o papel da matéria na atual organização do nosso ensino universitário de letras.

Acreditamos que, nesse setor, vivemos hoje uma situação de verdadeira anarquia. Batem cabeça não só as disciplinas mais tradicionais – história da literatura e teoria da literatura –, mas também interfere uma terceira instância, pelo menos desde meados da década de 1980, os assim chamados *estudos culturais*. Tentemos expor minimamente esse enredo feito de contradições e conflitos conceituais.

Em geral a organização curricular de nossas faculdades situa a teoria da literatura nos primeiros semestres, vindo depois a história literária, representada nos currículos pelas várias literaturas nacionais, conceito, como se sabe, historiográfico, e que consequentemente tem por fundamentos as categorias cronologia e periodização. Logo se percebe o contrassenso: desvaloriza-se a história literária, com base no preconceito construtivista de que antes falamos, mas suas representantes no currículo – as literaturas nacionais – ocupam posição de cúpula no processo de formação dos alunos, à medida que se situam nos períodos mais avançados do curso; em contrapartida, a teoria, tida como fronteira do conhecimento literário, se vê relegada à condição de mero preâmbulo, reduzida à condição de matéria destinada a calouros. Quanto aos estudos culturais, até onde observamos ainda não constituem disciplina formal em nossas faculdades; suas proposições, no entanto, que implicam em última instância a própria negação do objeto literário, andam disseminadas e difusas nas demais disciplinas, o que no mínimo é muito estranho, considerando sua programática incompatibilidade com as concepções de literatura propostas no horizonte tanto da teoria quanto da história da literatura. E como nenhuma dessas três instâncias disciplinares consegue se impor como hegemônica, o currículo se transforma num mosaico incoerente de fragmentos soltos, incapacitando-se portanto para facultar aos alunos a formação adequada.

O que é preciso ser feito para enfrentar esse cenário de tamanhos erros de concepção? Diríamos que começar por compreender que a formação literária, conforme concebida desde o século passado, precisa integrar dois esteios: por um lado, um saber de natureza predominantemente narrativa e concretizante, a história literária, produtora de imagens das literaturas nacionais segundo suas realizações no espaço e no curso do tempo; por outro, a teoria da literatura, um conhecimento de índole universalista e abstratizante, em que, por consequência, em vez da exposição narrativa própria da história literária, predomina o puro manejo dos conceitos. Ora, se estiverem corretas tais caracterizações dessas duas linhagens disciplinares, convém que o caminho da formação vá do narrativo e concretizante para o conceitual e abstrato, e não ao contrário, como se verifica via de regra nos arranjos curriculares de nossas faculdades. Queremos dizer, em outros termos, que ensinar contando uma história funciona como iniciação melhor do que fazê-lo expondo conceitos, e por esse motivo proporíamos uma inversão da ordem usual das disciplinas nos nossos currículos: primeiro, as literaturas nacionais, estudadas com a parcimônia de conceitos (eliminá-los, além de indesejável, é impossível) inerente às apresentações historiográficas; depois, os jogos conceituais mais abstratos, próprios à teoria. Quanto aos estudos culturais, melhor seria que se institucionalizassem como área autônoma ou disciplina, e nesse caso seu lugar correto não seria nas faculdades de Letras, mas nas de Comunicação ou nas de Ciências Sociais. Enquanto isso não ocorre, e parece que não se observa mesmo tendência nesse sentido, o jeito é tematizar os estudos culturais no âmbito da teoria da literatura, como de resto se procede quanto a outras disciplinas – linguística, história, psicanálise, antropologia –, que de algum modo fornecem subsídios para a investigação do objeto literário. Devem os cursos universitários de Letras, contudo, resguardar-se contra o extravio evidente que é abrir na própria área um lugar institucional para rebaixá-la, pela exaltação dos estudos culturais, atitude francamente incompreensível e extravagante, mas que, se não estamos enganados, vem-se tornando bastante comum nas nossas universidades.

Concluímos esclarecendo que, ao propor que as disciplinas historiográficas precedam a teoria, não pretendemos com isso estabelecer uma hierarquia que viesse a subordinar aquelas a esta. A intenção é dispor as bases da formação do especialista – a historiográfica e a teórica – numa sequência que, determinada pelas diferenças entre suas respectivas naturezas, por isso mesmo seja capaz de valorizar a ambas. Assim, o polo hoje enfraquecido do processo – a história literária – talvez possa assumir uma funcionalidade que contribua para livrá-lo da má fama a que se refere Jauss.

Mas não condicionemos a reabilitação da história da literatura à execução desse plano, possibilidade remota e incerta, por obstáculos metodológicos e políticos. Basta reiterar e realçar argumento que já antes utilizamos: a história da literatura, não obstante o fogo cerrado sob que permanece, oscilando entre a preterição e tentativas a nosso ver via de regra malsucedidas de reconcepção conceitual, no seu formato mais característico – narrativa orgânica das etapas de tradições literárias nacionais – continua sendo um fundamento insubstituível para a formação de especialistas em literatura. Mesmo o seu mais duro opositor – acreditamos – há de convir que, sem o domínio de uma espécie de mapa do tempo, é impossível orientar-se no território do literário.

Acrescentemos agora, para concluir, mais alguns argumentos a favor da pertinência da história literária.

Segundo normalmente se alega, a disciplina teria perdido há muito o prestígio acadêmico de que desfrutou por tanto tempo – *grosso modo*, por todo o século XIX e até meados do XX –, por conta de dois fatores básicos: a crise do nacionalismo, seu apoio ideológico principal; a superação estética dos grandes estilos literários oitocentistas, o romantismo e o realismo, com os quais compartilhou a ideia de narrativa como figuração de enredos lineares, em que se concatenam com clareza o início, o meio e o fim, bem como o conceito de literatura como representação. Minados assim esses fundamentos, a história da literatura começou a desmoronar, abrindo espaço, no âmbito dos estudos literários, para a ascensão da sua rival novecentista, a teoria da literatura.

É plenamente possível, no entanto, demonstrar que os fundamentos referidos de modo algum se viram desabilitados pelas vertiginosas mudanças políticas e culturais ocorridas no curso do século XX

– particularmente a partir de sua segunda metade – e neste início do XXI. Assim, parece-nos que o nacionalismo não só não perdeu a razão de ser por causa da globalização, mas até se revitaliza em função dela, como forma de coesão social potencialmente apta a enfrentar certas decorrências perversas do próprio processo de globalização. Por outro lado, a linearidade narrativa não constitui fórmula para sempre superada pelas experiências da vanguarda modernista e por tendências pós-modernas, sendo antes uma possibilidade técnica que, na sua singeleza, corresponde perfeitamente a virtualidades da linguagem, tanto que continua a ser acionada, mesmo no âmbito das vanguardas e tendências mencionadas.

Mas deixemos de lado esse caminho argumentativo por demais abstrato para nossos objetivos presentes. Concentremo-nos tão somente no problema do papel desempenhado pelas instâncias disciplinares – a teoria da literatura e a história da literatura – na formação universitária, no campo dos estudos literários.

Caso levemos ao pé da letra a propalada falência da história da literatura como disciplina, para sermos consequentes devemos eliminá-la do plano de estudos dos aspirantes a especialistas em literatura. Com isso, o acesso à literatura como objeto de reflexão e pesquisas se faria pela via única da teoria da literatura, concebida como construção conceitual alheia a qualquer referencial histórico. Assim, por exemplo, o aprendiz ouviria falar de gêneros literários; seria pois instruído sobre a ideia de romance, mas não poderia saber que esse gênero ganhou um impulso novo e decisivo no século XIX, pela razão simples de que tal informação só pode encontrar-se disponível num quadro de compreensão histórica da literatura, isto é, no âmbito da história literária. Ora, convenhamos que tal situação – se é que é possível imaginá-la, por tão absurda – seria naturalmente desastrosa, pois, salvo demonstração em contrário, não há como construir um entendimento do objeto cultural chamado literatura pelo caminho exclusivo da teoria, sem uma constante remissão à contínua reconfiguração desse objeto segundo o decurso do tempo, isto é, conforme o ritmo da história.

Lembremos a propósito a recomendação de um especialista visando à elaboração de um projeto de estudos destinado à iniciação em filosofia. Diz ele: "Introduza-se à Filosofia por via histórica [em outros termos, pela história da filosofia] ou pela porta da Lógica, de acordo com sua disposição atual, mas não descuide de nenhum dos dois polos.[5] Se em vez de filosofia o objeto for a literatura, deve-se conservar a essência do preceito, com pequena adaptação: introduza-se à literatura pela história da literatura ou pela teoria da literatura, mas não descuide de nenhum dos dois polos. Diríamos até mais: tanto num caso quanto noutro – o da filosofia e o da literatura –, é muito provável que a iniciação por via histórica seja mais produtiva e eficiente do que a introdução pelo caminho da lógica/teoria; é que a história, em vez das abstrações incolores do puro cálculo, talvez demasiado áridas para estimular os primeiros passos, constitui-se sob a forma de narrativa, meio em princípio mais aparelhado para maior aproximação com a textura

---

[5] Mário Bunge, "Carta a um Aprendiz de Epistemologia" [1980]. In: *Epistemologia: Curso de Atualização*. São Paulo, T. A. Queiroz, 1987, p. 239.

concreta das coisas. Assim, num livro de história da literatura, em vez dos raciocínios abstratizantes de um tratado de teoria, acompanhamos a movimentação de um enredo, donde um efeito semelhante ao de um romance: não faltam personagens – os autores e obras –, bem como um conflito – a luta de uma cultura literária em busca de sua autenticidade nacional –, tudo isso narrado sob a forma de episódios – os períodos ou épocas –, configurando uma progressão em que há início, meio e fim, dos prenúncios da literatura de um país à consumação do seu destino.

Não gostaríamos, contudo, que a defesa aqui empreendida venha a ser interpretada como ingênua apologia da história da literatura. Naturalmente, estamos advertidos para as vulnerabilidades conceituais da disciplina, antes devidamente referidas. No entanto, apesar dessas limitações, a história da literatura fornece como que um mapa do tempo, sem o qual será impossível mover-se com um mínimo de proficiência no domínio dos estudos literários. Além disso, até para perceber-lhe as limitações, é indispensável conhecê-la: "É preciso por assim dizer jogar fora a escada depois de ter subido por ela".[6]

---

[6] Ludwig Wittgenstein, *Tractatus Logico-Philosophicus*. [1921] São Paulo, Companhia Editora Nacional/Edusp, 1968, p. 129.

GLOSSÁRIO

Cânone: O conjunto das chamadas obras-primas, os textos clássicos da tradição literária ocidental, tidos por esteticamente superiores e assim credenciados à admiração universal. Por obra da historiografia literária, campo essencialmente dedicado ao estudo da produção literária específica de cada nação, constituíram-se também os cânones nacionais, isto é, conjuntos de obras consagradas no âmbito de certa cultura linguístico-literária nacional particular.

Construtivismo: Ponto de vista epistemológico segundo o qual o conhecimento é produto de práticas sociais e instituições, opondo-se pois tanto ao realismo científico – para o qual métodos dependentes de teorias podem produzir conhecimento sobre um mundo independente de teorias – quanto ao empirismo – que sustenta uma fronteira nítida entre observação e teoria –, desembocando pois no relativismo e no ceticismo. Nas humanidades em particular, configurou-se no que veio a chamar-se *virada linguística*, atitude que toma a linguagem menos por sua capacidade de referência ou representação do que por suas articulações internas. Segundo essa perspectiva, assim, a palavra *realidade* só pode circular com a salvaguarda das aspas, pois não passaria de uma ilusão, ou, na melhor das hipóteses, de um efeito de sentido, decorrência, por conseguinte, da construção verbal das experiências.

Crítica feminista: Corrente dos estudos literários – ou mais precisamente dos estudos culturais – relacionada com o feminismo, entendido como amplo movimento político consagrado à reivindicação dos direitos das mulheres nas sociedades modernas. A crítica feminista prioriza o estudo da literatura produzida por mulheres, bem como o modo como as obras literárias representam as experiências especificamente femininas. Longe de ser uma teoria unificada, antes se apresenta cheia de ramificações internas, constituindo um espaço de controvérsia por excelência. Seu principal resultado concreto até o momento tem sido uma ampliação do cânone, pela inclusão de autoras, mediante sistemático questionamento dos critérios patriarcalistas de sua constituição.

Crítica literária: No sentido antigo, exame de textos escritos visando a verificar sua autenticidade e grau de conformidade em relação a modelos de gênero (tragédia, epopeia, comédia, etc.), bem como seu caráter menos ou mais "proveitoso", isto é, sua capacidade de, além de deleitar, instruir; praticamente, assim, se confunde com a noção de "censura". A partir do século XVIII, a crítica pretende tornar-se livre análise de textos, sem ideias preconcebidas, do que deriva alheamento tendencial aos tradicionais regulamentos das disciplinas clássicas dos discursos, a gramática, a retórica e a poética. Em fins do século XIX, bifurca-se em dois projetos: um se propõe a estabelecer uma nova regulamentação da prática crítica, fundamentada nas então emergentes ciências humanas – a psicologia e a sociologia –, assim reivindicando objetividade e se credenciando para a institucionalização acadêmica; o outro se propõe a manter e aprofundar a desregulamentação conquistada, erigindo a subjetividade como critério das operações críticas, o que veio a chamar-se *impressionismo crítico* ou *crítica impressionista*, cujo espaço de veiculação por excelência passou a ser o rodapé dos jornais, donde também a expressão *crítica de rodapé*. Por outro lado, ao que parece por difusão de empregos da expressão comuns na língua inglesa desde o século XVIII, *crítica literária* tornou-se sinônimo de *estudos literários* em geral. É sem dúvida mais judicioso, porém, considerar a crítica apenas uma das ramificações dos estudos literários – aquela particularmente interessada em proferir juízos de valor sobre os textos –, cuja história comporta nitidamente uma concepção antiga e outra moderna, sendo que esta última, por sua vez, se divide em duas vertentes: uma dita *científica*, e outra chamada *impressionista*.

Eloquência: Na Antiguidade greco-latina, atributo do aristocrata de boa formação, capacitado a proferir discursos orais públicos persuasivos e elegantes, como fruto do treinamento proporcionado pela retórica; constitui, portanto, objeto e objetivo da retórica.

Estética: Ramo da filosofia definido a partir de meados do século XVIII, inicialmente como uma espécie de anexo à lógica: se esta se encarregava do estudo de objetos e relações claras e objetivas – o inteligível –, a estética deveria encarregar-se daquelas zonas de sombra – o sensível –, isto é, dos fenômenos ligados à percepção e à sensibilidade. Assim, as artes, até então concebidas como técnicas ou perícias passíveis de ensino e aprendizagem mediante exercícios dirigidos e imitação de modelos, tornam-se, sob a ótica da estética, um campo privilegiado para a emancipação da subjetividade e da imaginação. Passam então a ser valorizadas não mais como artefatos conformados a modelos e circunscritos a um repertório coletivo chancelado pela tradição e valorizáveis segundo sua utilidade, mas como obras originais e únicas, produto da genialidade dos autores e destinadas à contemplação desinteressada. A estética tende então a se transformar no ramo da filosofia que tem por objeto o sistema das chamadas *belas-artes* – música, poesia, pintura, escultura, arquitetura, dança –, ou ainda, segundo redução mais ou menos em nível do senso comum, na ciência do belo.

Estilística franco-germânica: Corrente dos estudos linguístico-literários que, como diz o nome, desenvolveu-se sobretudo na Alemanha e na França, durante as primeiras décadas do século XX. Nos termos da linguística saussuriana, constitui-se tanto uma estilística da língua, interessada nos recursos expressivos do sistema, quanto uma estilística da fala, construída sobre a ideia de língua como continuada criação individual, o que por sua vez dá origem à estilística como estudo de obras literárias individuais, a partir do conceito-chave de estilo como desvio da norma linguística coletiva. A estilística literária, por seu turno, conhece pelo menos três ramificações internas: uma tende a referir o texto literário a uma matriz psicológica, presente no autor; outra insiste na motivação da fisionomia particular dos textos por fatores sociais e ideológicos; e uma terceira procura abstrair esses condicionamentos extratextuais, para centrar o interesse nos próprios mecanismos de linguagem que fazem do texto literário um produto artístico singular. Juntamente com o formalismo e o *new criticism*, a estilística constituiria um dos ingredientes que entraram na composição da teoria da literatura, que em meados do século XX se afirmaria como opção não historicista no quadro dos estudos literários.

Estudos culturais: Orientação no campo das ciências humanas que tem sua origem nos anos de 1950/1960, na Inglaterra, interessada na valorização e análise de manifestações da cultura popular urbana até então pouco consideradas pelas pesquisas tradicionais, centradas exclusivamente nos produtos da chamada alta cultura, que, no caso da literatura, se constituem num conjunto de obras consagradas no chamado *cânone*. Se na versão originária britânica a atenção se voltava para as diferenças culturais determinadas pela estratificação social contemporânea, no caso de sua variante norte-americana conta mais a investigação da diversidade cultural decorrente sobretudo das diferenças entre gêneros, orientações sexuais e etnias. Nas duas vertentes, a agenda de pesquisas privilegia a revisão dos cânones, de modo a se desfazerem hierarquias, a partir de critérios que contrapõem o político ao estético. Em geral, o conceito subsume certas orientações dos estudos de cultura e literatura desenvolvidas notadamente a partir da década de 1990: crítica feminista, teoria pós-colonial, teoria *queer, gay/lesbian studies*.

Filologia: Costuma-se admitir como atos inaugurais da filologia dois eventos do século VI a. C.: em Atenas, uma comissão de escribas, por determinação do rei Pisístrato, estabelece os textos da *Ilíada* e da *Odisseia*, a partir de cantos épicos tradicionais respectivamente sobre a cólera de Aquiles e as aventuras de Ulisses; em Régio, Teágenes propõe a primeira interpretação alegórica da poesia homérica, vendo nos deuses representações de forças da natureza ou de virtudes ético-políticas. Esses dois empreendimentos sintetizam as duas direções básicas da filologia: o estabelecimento de textos e o estudo deles.[1] Assim, a disciplina se dedica à edição de textos, procurando resolver problemas como autoria, autenticidade, variantes e datação de escritos antigos, bem como proceder à sua reconstituição material e elucidação, tanto literal quanto propriamente literária. Com vistas a tais objetivos, instrumentaliza-se com recursos de diversas disciplinas, como gramática, retórica, poética, história, e, por sua vez, ao estabelecer textos hipoteticamente fidedignos e anotados, serve a estas mesmas disciplinas, fornecendo-lhes abundante material de trabalho. Pode-se dizer que a matriz constituída pela contribuição de Teágenes de Régio acabou-se atrofiando bastante ao longo da trajetória da disciplina, pois a filologia cada vez mais foi-se deixando pautar por pragmatismo e cautela hermenêutica, preferindo o manejo de "fatos" aos riscos da interpretação, dedicando-se pois ao preparo de edições eruditas, à confecção de antologias, a inventários de títulos e autores, à elaboração de bibliografias, de glossários e vocabulários, etc. Tamanha reverência ao que há de positivo nos textos, se lhe rendeu acolhida entre as ciências históricas do século XIX – inclusive, naturalmente, a história da literatura –, cedo se virou contra a disciplina, que acabou no século XX estigmatizada como prática mecânica, destituída de imaginação teórica e confinada a tarefas primárias meramente preparatórias das operações mais finas dos estudos literários.

Formalismo eslavo: Orientação no campo dos estudos literários definida no início do século XX, e que se difundiu

---

[1] Cf. Eudoro de Sousa, In: Aristóteles, *Poética*. Porto Alegre, Globo, 1966, p. 191-92.

a partir de grupos de estudos situados nas cidades de Moscou e São Petersburgo. Concentrou seus esforços na busca de uma metodologia específica para os estudos literários, no pressuposto de que o diferencial da literatura em relação a outros usos da linguagem verbal – diferencial a que chamaram *literariedade* – consistiria num certo relevo especialíssimo conferido à linguagem em si, intenso o suficiente para deixar na sombra seus atributos mais evidentes na pragmática do dia a dia, isto é, as propriedades de expressão e representação. Juntamente com a estilística e o *new criticism*, constituiu um dos referenciais teóricos que convergiram para a formação da teoria da literatura.

Gay/Lesbian Studies: Como a crítica feminista, trata-se de extensão aos estudos literários – ou, mais precisamente, culturais – de movimentos políticos em defesa dos direitos de grupos marginalizados no conjunto da sociedade moderna por motivo de orientação sexual. Procura assim aferir o modo por que a experiência desses grupos transparece em representações literárias, e acaba postulando que o comportamento homossexual, por promover, a partir da margem, uma contestação dos valores do centro – a ordem heterossexual –, apresenta certa afinidade com a natureza antinormativa que caracterizaria o discurso literário.

Gramática: Numa de suas formulações originárias (século II-I a. C.), "conhecimento do dito sobretudo por poetas e prosadores", subdividindo-se em seis partes: "primeira, leitura cuidada conforme a prosódia; segunda, explicações das figuras poéticas que houver; terceira, interpretação em termos usuais das palavras raras e dos argumentos; quarta, busca da etimologia; quinta, exposição da analogia; sexta, crítica dos poemas, que é a parte mais bela de todas as da gramática".[2] Como se vê, o que chamamos hoje de *literatura* constituía o objeto por excelência do trabalho dos gramáticos, mas por volta do século I d. C. sua divisão em dois setores – "ciência de falar corretamente" e "explicação dos poetas"[3] – já privilegiava o problema da correção na linguagem, que vai conduzir a gramática à forma por que a conhecemos: uma descrição descritivo-normativa dos diversos níveis em que se estrutura a linguagem verbal – sobretudo o fonológico e o morfossintático, e secundariamente o semântico –, servindo-se da literatura tão somente como repositório de exemplos cuja autoridade chancela os usos idiomáticos tidos por corretos.

História da literatura: Primeira das realizações modernas no âmbito dos estudos literários, nas suas origens oitocentistas conheceu basicamente três modelos conceituais, frequentemente combinados na sua prática efetiva: o biográfico-psicológico, o sociológico e o filológico. Trata-se de disciplina romântico-realista, que impugnou o paradigma clássico retórico-poético mediante um estudo da literatura fortemente referenciado ao contexto, especialmente aos contextos das diversas nacionalidades modernas, entendido como harmoniosa integração de natureza, história e sociedade. Principal circunscrição dos estudos literários no século XIX, tendo de certo modo se imposto à crítica ou a absorvido, no século XX passou a sofrer a concorrência de um

---

[2] Dionísio Trácio, *Gramática/Comentarios Antiguos*. Introdução, tradução e notas de Vicente Bécares Botas. Madrid, Gredos, 2002, p. 35-36. (Edição trilíngue grego/latim/espanhol.)
[3] Cf. Ernst Robert Curtius, *Literatura Europeia e Idade Média Latina*. [1948] Rio de Janeiro, Ministério da Educação, Instituto Nacional do Livro, 1957, p. 41.

novo modo de representar e estudar o objeto literário, que veio a chamar-se *teoria da literatura*.

Historicismo: Ponto de vista epistemológico segundo o qual todos os fenômenos da sociedade – e num certo sentido até os da natureza – explicam-se em última análise por sua historicidade, isto é, por seu caráter de fenômenos cujo modo de ser se enraíza na história. Assim, o ser de cada coisa coincidiria com a sua história, de modo que, aplicado o princípio à literatura, esta não seria senão a própria história da literatura. Para o historicismo, por conseguinte, a história se constitui como ciência suprema, referência para as demais e instância suprema da razão.

Humanidades: Na origem greco-latina do conceito, atributo do aristocrata culto, isto é, *cultura geral*, no sentido de conjunto de conhecimentos indispensáveis ao homem livre, enquanto oposto tanto à educação física quanto aos ofícios manuais. Na Idade Média, as humanidades se estruturam num currículo – as chamadas *sete artes liberais* ou *septennium* –, constituído pelo *trivium* – gramática, dialética, retórica – e o *quadrivium* – aritmética, geometria, astronomia e música. À medida que nas humanidades o componente literário se sobrepunha ao científico, o termo passou a designar uma cultura mais letrada e livresca, em que se conjugam os conhecimentos de filosofia, línguas, literaturas, história, etc., por oposição à cultura científica, construída com elementos hauridos nas matemáticas, na física, na biologia e na química.

Interdisciplinaridade: Diz-se também *multi-*, *pluri-*, *trans-* e até *pós-disciplinaridade*, sendo difícil, se não inviável, desapartar tais conceitos. Esses termos designam certa atitude muito popular sobretudo nas ciências humanas, pelo menos a partir dos anos 1960, segundo a qual o conhecimento é basicamente integrado e integrador, sendo por conseguinte artificiais os limites entre as especialidades. Assim, numa pesquisa concreta, é desejável convocar aportes conceituais das mais diversas procedências, pois só pela cooperação entre várias disciplinas é possível construir conhecimento válido e sólido.

Letras: Na origem, trata-se de um plural com valor coletivo, e assim significa *carta* ou qualquer *obra escrita*, isto é, não um caráter da escrita isolado – *uma* letra –, mas um conjunto deles – *letras* –, constituindo um texto escrito. Como escrever e ler cartas ou obras escritas em geral demandava um *know-how* específico, os indivíduos que o adquiriam passavam a *ter* letras, e assim a palavra passa a significar também um atributo do sujeito letrado, instruído nas técnicas correlativas de ler e escrever; em outros termos, assume o significado de *instrução* ou *cultura*. Como conjunto de obras escritas, as letras abrangiam todos os gêneros: cartas, relatórios, textos legais, história, filosofia, obras científicas e técnicas em geral, além daquelas que hoje consideramos literárias em sentido estrito, isto é, poemas, narrativas de ficção, peças dramáticas. A partir da Idade Média, tornou-se usual dividir-se o vasto campo da produção nas categorias *letras divinas* – a Bíblia, e mais obras religiosas em geral – e *letras humanas* – história, filosofia, obras científicas e técnicas, obras literárias *stricto sensu*. Mais tarde, em torno do Renascimento, entra em circulação a expressão *boas letras*, ao que tudo indica como sinônimo de *letras humanas*. Finalmente, a partir do século XVII surge a locução *belas-letras*, que se firma porém só no século subsequente, visando a distinguir, no âmbito das letras humanas, um subconjunto dotado do atributo estético por excelência – a "beleza" –, constituído exclusivamente por composições dos gêneros lírico, narrativo e dramático. Chegava-se assim ao limiar do conceito moderno de literatura. Acrescente-se que hoje, como se sabe, usamos a palavra *letras* para designar uma área de especialização universitária em que se estudam correlativamente línguas e literaturas; há uma tendência recente, contudo, de se empregar a palavra para designar apenas a subárea dos estudos literários, reservando-se o termo *linguística* para rotular a subárea constituída pelos estudos de línguas.

Literariedade: Termo cunhado pelos formalistas para designar o diferencial da literatura em relação a outros empregos da linguagem verbal. O texto literário se caracterizaria assim por uma propriedade específica, o primado absoluto da autorreferência sobre os demais atributos da língua, isto é, as capacidades de comunicar, expressar e representar. A literariedade, assim, constitui-se como efeito da chamada *função poética*, dispositivo capaz de dotar a linguagem do texto literário de uma espessura notável, de vez que, conforme a definição técnica do formalismo, "[...] projeta o princípio de equivalência do eixo de seleção [da linguagem] sobre o eixo de combinação".[4]

Literatura: No sentido primitivo, significa conhecimento das letras, isto é, capacidade de ler e escrever; por extensão, passa a significar também atributo adquirido com esse conhecimento, isto é, cultura, saber,

---

[4] Roman Jakobson, "Linguística e Poética" [1960]. In: *Linguística e Comunicação*. São Paulo, Cultrix, 1970, p. 130.

instrução, erudição. Mais tarde, oblitera-se o primeiro sentido – habilidade de ler e escrever –, mantendo-se o de cultura ou instrução, ao mesmo tempo que a palavra adquire um sentido novo, o de conjunto ou corpo de escritos, aliás significado originário da palavra *letras* (conjunto de obras escritas). Enfim, perde-se também o sentido de cultura ou instrução, e o vocábulo, por volta de fins do século XVIII, investe-se do sentido básico que tem hoje: certo conjunto de obras escritas bastante heterogêneo, significado que, como vimos, coincide com o da palavra *letras*. Num lapso de tempo breve, contudo, que não terá durado mais do que umas poucas décadas do século XIX, sem perder completamente a acepção abrangente de corpo de escritos em geral, a palavra *literatura* passa a usar-se mais especificamente para designar apenas uma parte desse conjunto, aquela constituída por obras de caráter estético. Torna-se então o termo que reúne num conceito único os três gêneros dos escritos de natureza artística: a lírica, a prosa de ficção e a produção dramática. Assim, logo ocupa o espaço semântico que por breve período foi preenchido pela expressão *belas-letras*, que, talvez por seu comprometimento com um gosto clássico e conservador, revelou-se pouco próprio para empregar-se em relação a produtos arrojados e experimentais, em que, a partir do século XIX, cada vez mais a modernidade investiria.

Literatura comparada: Nas suas origens oitocentistas, ramificação da história literária dedicada ao estudo das relações entre distintas tradições linguístico-literárias nacionais. De identidade bastante incerta, no século XX inicialmente se aproxima da teoria da literatura, para depois em boa medida diluir-se no campo onívoro dos estudos culturais.

Materialismo cultural: Orientação nas humanidades, identificável a partir dos anos de 1980 na Inglaterra, e de lá difundida sobretudo para os Estados Unidos, que consiste em procurar analisar as mais diversas produções culturais, entre elas textos escritos de todos os gêneros, não como monumentos canônicos, mas segundo suas concretas condições históricas de produção, de modo a se poder aferir-lhes sua capacidade maior ou menor de contestar o *status quo* cultural *lato sensu*, aí compreendidos elementos estéticos e políticos.

New criticism **anglo-norte-americano**: Movimento nos estudos literários esboçado na década de 1920 na Inglaterra e nos Estados Unidos, tendo-se consolidado na década subsequente e se mantido atuante até meados do século XX. Sua ideia-diretriz é a de *close reading*, isto é, leitura analítica minuciosa de textos literários específicos, assumidos como artefatos verbais autônomos, cuja configuração depende, portanto, de uma coerência interna que praticamente desabilita o potencial explicativo dos fatores extrínsecos, como, por exemplo, a vida do escritor, a ordem social, as circunstâncias históricas, etc. Assim, o *new criticism* tem diversos pontos em comum com a estilística e o formalismo – especialmente, a perspectiva anti-historicista e a concepção de texto como arranjo discursivo –, razão por que, juntamente com aqueles movimentos, constituiu um dos estímulos básicos para a instituição da teoria da literatura como disciplina adversária da história literária.

Novo historicismo: Orientação nas humanidades de origem norte-americana, intimamente ligada ao materialismo cultural britânico. A partir de premissa construtivista, segundo a qual o passado só é acessível sob a forma de narrações e interpretações, distingue-se programaticamente do historicismo substancialista do século XIX.

Poética: Segundo a formulação aristotélica, parte da filosofia que trata "[...] da poesia – dela mesma e das suas espécies, da efetividade de cada uma delas, da composição que se deve dar aos mitos, se quisermos que o poema resulte perfeito, e, ainda, quantos e quais os elementos de cada espécie e, semelhantemente, de tudo quanto pertence a esta indagação [...]".[5] No seu projeto originário, portanto, concilia a dimensão especulativa com a normativa, pois indaga sobre o modo de ser da poesia, mas também sobre os processos aptos a fazer que "o poema resulte perfeito". A dimensão normativa, contudo, tendeu a se impor, a ponto de a poética ter-se transformado basicamente numa preceptística, interessada na descrição morfológica das espécies poéticas e na técnica da composição poética em geral e do verso em particular, dando origem inclusive ao subgênero constituído pelos pequenos tratados de métrica. Sua especificidade pode ser ressaltada no confronto com as outras disciplinas clássicas dos discursos: a gramática elege a correção como atributo da elocução inegociável; a retórica, por sua vez, além da correção, valoriza também a clareza, mas pode sacrificar ambos estes atributos em função de um terceiro, o ornato; e a poética, sem desdenhar da correção gramatical e participando do apreço retórico pelo ornato, pode chegar ao extremo de preterir a "virtude" da clareza, chegando mesmo a admitir o "vício" que lhe é correlativo, a obscuridade, no pressuposto de que, na poesia, há sempre algo de obscuro que não pode nem deve tornar-se

[5] Aristóteles, op. cit., p. 68.

claro. Acrescente-se que a expressão *arte poética* – ou sua formulação reduzida, *poética* – se investiu ainda de outros significados, ao que parece desde que certa carta metrificada do poeta Horácio (século I a. C.) – a *Epistula ad Pisones* – foi qualificada como uma verdadeira "arte poética" pelo retórico Quintiliano (século I d. C.). Passou assim a designar certo gênero de poema em que se expõe determinada concepção particular de poesia; por outro lado, depois do descrédito a que foi relegada a disciplina pela ascensão da história da literatura no século XIX, o termo *poética* acabou recuperado a partir de fins daquele século, não mais para designar a preceptística clássica em que se transformara a poética antiga, mas para designar os estudos literários em geral, especialmente seu núcleo por assim dizer filosófico, que se propõe tratar do modo de ser da literatura. Nesse sentido, tornou-se praticamente concorrente da expressão *teoria da literatura*, ao mesmo tempo que passou a prestar-se a empregos mais ou menos abusivos, por desmedida extensão de seu sentido primeiro, muito para além da aplicação à poesia e à literatura, usando-se assim em relação aos mais diferentes objetos quando concebidos em chave estética, o que vem tornando comuns locuções como "poética da pintura", "poética da música", "poética das ruas", etc.

Retórica: Nas suas origens quase lendárias, a retórica consiste numa técnica que visa a tornar mais persuasivos os discursos. Comunga com a gramática o apreço pela correção e pela clareza, mas subordina estes atributos ao ornato, constituído basicamente pelos tropos e figuras. Tem pontos de contato também com a dialética, já que cultiva a eficácia e boa formação dos argumentos, mas, diferentemente desta, não visa à composição de discursos consagrados à demonstração de verdades, mas à construção de verossimilhanças. Também se aproxima da poética, inicialmente porque encontra nas composições poéticas realizações modelares para seus preceitos, exemplos dos processos que recomenda, e depois porque as normas que institui para a elegância dos discursos acabam tornando-se úteis também para a prática dos poetas. Técnica essencialmente pragmática, estruturou-se em tratados e manuais ditos *artes retóricas*, tornando-se uma vasta preceptística reguladora não apenas dos discursos orais públicos dos tribunais, assembleias e cerimônias comunitárias, como nos seus primórdios, mas de todos as manifestações discursivas, orais e escritas, inclusive a poesia e as espécies mais tarde unificadas sob o conceito de *literatura*. Além de preceituário para composições de todos os gêneros, constituiu-se também num instrumento conceitual e metodológico para o estudo analítico de composições literárias.

Teoria da literatura: Resultante da convergência entre correntes que no início do século XX se opuseram aos princípios da história literária – como, sobretudo, a estilística franco-germânica, o formalismo eslavo, o *new criticism* anglo-norte-americano –, a teoria da literatura, privilegiando uma perspectiva estética, propôs-se estudar a literatura na sua imanência, isto é, centrando atenção no próprio texto, concebido como arranjo verbal intransitivo, assim abstraindo-se o mais possível de dados contextuais, como a vida do autor, seus condicionamentos sociais, os reflexos da sociedade eventualmente presentes nas obras. Trata-se pois de uma disciplina modernista, identificada com a ideia de literatura como autorreferência, e desse modo distanciada do conceito de obra literária como representação, típico das concepções romântico-realistas referendadas pela história literária.

Teoria pós-colonial: Orientação dos estudos literários – mais precisamente, dos estudos culturais e da literatura comparada – dedicada a investigar as reverberações no campo da produção literária do processo cultural *lato sensu* da descolonização, especialmente na sua etapa iniciada na década de 1960, com ênfase nos mundos anglófono, francófono e hispânico. Suas origens se situam por volta dos anos de 1970, e constituem seus temas de eleição ou conceitos-chave: multiculturalismo, hibridismo, migração, diáspora, fronteira, desterritorialização, nomadismo, identidade.

Teoria *queer*: Proposta que pretende aprofundar o debate sobre os pontos levantados pelos *Gay/Lesbian Studies*, no pressuposto de que estes ainda se movem num âmbito de dicotomias, quando os papéis sexuais são por definição fluidos e culturalmente mutantes, infensos portanto a enquadramento em categorias universais de fundo biológico, sendo antes produzidos por contingências, discursos e instituições.

OBRAS CITADAS E SUGESTÕES DE LEITURA

ARAC, Jonathan. "What is the History of Literature?" In: BROWN, Marshal (ed.). *The Uses of Literary History*. Durham-London: Duke University Press, 1995, p. 23-33.

ARISTÓTELES. *Poética*. Tradução, prefácio, comentário e apêndices de Eudoro de Sousa. Porto Alegre: Globo, 1966.

AUERBACH, Erich. "A Filologia e Suas Diferentes Formas". In: *Introdução aos Estudos Literários*. [1944] São Paulo: Cultrix, 1970, p. 11-42.

BARBOSA, Januário da Cunha. *Parnaso Brasileiro*. Organização, edição, notas e apresentação de José Américo Miranda. [1829-1832] Belo Horizonte: Faculdade de Letras da UFMG, 1999.

BARTHES, Roland. "A Retórica Antiga" [1970]. In: COHEN, Jean et al. *Pesquisas de Retórica*. Petrópolis (RJ): Vozes, 1975, p. 147-225.

_____. "As Duas Críticas" [1963]. In: *Crítica e Verdade*. São Paulo: Perspectiva, 1970, p. 149-55.

BOSI, Alfredo. "Por um Historicismo Renovado: Reflexo e Reflexão em História Literária". In: *Literatura e Resistência*. São Paulo: Companhia das Letras, 2002, p. 7-53.

BOURDÉ, Guy e MARTIN, Hervé. *As Escolas Históricas*. [Lisboa]: Europa-América, s.d. [1983].

BRASIL. Decreto-lei nº 1.190, de 04 de abril de 1939. Disponível em: http://www.planalto.gov.br/CCIVIL_03/Decreto-Lei/1937-1946/Del1190.htm. Acesso em: 24/11/2014.

BUNGE, Mário. "Carta a um Aprendiz de Epistemologia" [1980]. In: *Epistemologia: Curso de Atualização*. São Paulo: T. A. Queiroz, 1987, p. 237-40.

CÂMARA JR., Joaquim Mattoso. "O Estruturalismo Linguístico" [1966]. *Tempo Brasileiro*. Rio de Janeiro, vol. 15, n. 16, p. 5-42, s. d. [1969].

CANDIDO, Antonio. *Formação da Literatura Brasileira; Momentos Decisivos*. São Paulo: Martins, 1971, vol. 1.

CARDOSO, Ciro Flamarion. *Um Historiador Fala de Teoria e Método; Ensaios*. Bauru (SP): Edusc, 2005.

CARPEAUX, Otto Maria. "Introdução". In: *História da Literatura Ocidental*. [1958] Rio de Janeiro: Alhambra, 1978, vol. 1, p. 15-36.

CARR, David. "Philosophy of History". In: AUDI, Robert (ed.). *The Cambridge Dictionary of Philosophy*. [1995] Cambridge: Cambridge University Press, 2005, p. 671-73.

CARR, Edward Hallet. "O Historiador e seus Fatos" [1961]. In: *Que É História?* Rio de Janeiro: Paz e Terra, 1982, p. 43-65.

CÉSAR, Guilhermino (seleção e apresentação). *Historiadores e Críticos do Romantismo; 1 – A Contribuição Europeia: Crítica e História Literária*. Rio de Janeiro: Livros Técnicos e Científicos; São Paulo: Edusp, 1978.

COLLINGWOOD, R. G. *A Ideia de História*. [1946] Lisboa: Presença/Martins Fontes, 1972.

COMPAGNON, Antoine. *O Demônio da Teoria; Literatura e Senso Comum*. [1998] Belo Horizonte: Editora UFMG, 1999.

CONSELHO FEDERAL DE EDUCAÇÃO. Parecer n. 283, de 19 de outubro de 1962. DOCUMENTA n. 10/62. Rio de Janeiro: Ministério da Educação e Cultura/Conselho Federal de Educação, 1962, p. 81-82.

CONSELHO NACIONAL DE EDUCAÇÃO/CÂMARA DE ENSINO SUPERIOR. Parecer n. 492, de 3 de abril de 2001. [Brasília]: Ministério da Educação, 2001.

CURTIUS, Ernst Robert. *Literatura Europeia e Idade Média Latina*. [1948] Rio de Janeiro: Ministério da Educação, Instituto Nacional do Livro, 1957.

DE CERTEAU, Michel. *A Escrita da História*. [1975] Rio de Janeiro/São Paulo: Forense Universitária, 2000.

DE SANCTIS, Francesco. *Storia della Letteratura Italiana*. Ed. Francesco Flora. [1871] Milano: Antonio Vallardi, 1950.

DIONÍSIO TRÁCIO. *Gramática/Comentarios Antiguos*. Introdução, tradução e notas de Vicente Bécares Botas. Madrid: Gredos, 2002. Edição trilíngue grego/latim/espanhol.

DUBY, Georges. *A História Continua*. [1991] Rio de Janeiro: Zahar/Editora UFRJ, 1992.

EAGLETON, Terry. *Teoria da Literatura: Uma Introdução*. [1983] São Paulo: Martins Fontes, 1997.

FERRATER MORA, José. "Historia/Historicidad/Historicismo". In: *Diccionario de Filosofía*. [1941] Buenos Aires: Sudamericana, 1971, vol. 1, p. 849-859.

_____. "Metahistoria". In: *Diccionario de Filosofía*. [1941] Buenos Aires: Sudamericana, 1971, vol. 2, p. 192-93.

GAMA, Miguel do Sacramento Lopes. *Lições de Eloquência Nacional*. Rio de Janeiro: Tipografia Imparcial de F. de Paula Brito, 1846, vol. 1.

GASPER, Philip. "Social Constructivism". In: AUDI, Robert (ed.). *The Cambridge Dictionary of Philosophy*. [1995] Cambridge: Cambridge University Press, 2005, p. 865.

GINSBURG, Carlo. *O Fio e os Rastros; Verdadeiro, Falso, Fictício*. [2006] São Paulo: Companhia das Letras, 2007.

GREIMAS, A. J. "Estrutura e História" [1966]. In: POUILLON, Jean et al. *Problemas do Estruturalismo*. Rio de Janeiro: Zahar, 1968, p. 53-65.

GUINSBURG, J. "Romantismo, Historicismo e História" [1978]. In: *O Romantismo*. São Paulo: Perspectiva, 1978, p. 13-21.

GUMBRECHT, Hans Ulrich. "O Futuro dos Estudos de Literatura?". *Cadernos da Pós/Letras*, Rio de Janeiro, Universidade do Estado do Rio de Janeiro, n. 14, p. 46-62, 1995.

_____. "The Origins of Literary Studies – and their End?". *Stanford Humanities Review*, Stanford, vol. 6, n. 1, p. 1-10, 1998.

_____. "The Tradition of Literary History in the Contemporary Epistemological Situation". In: JOBIM, José Luís et al. (org.). *Lugares dos Discursos*. Niterói (RJ): Eduff, 2006, p. 22-39.

GUYARD, Marius François. *A Literatura Comparada*. [1951] São Paulo: Difusão Europeia do Livro, 1956.

HONORATO, Manuel da Costa. *Sinopses de Eloquência e Poética Nacional*. [1861] Rio de Janeiro: Tipografia Americana de Eduardo Augusto de Oliveira, 1870.

JAKOBSON, Roman. "Linguística e Poética" [1960]. In: *Linguística e Comunicação*. São Paulo: Cultrix, 1970, p. 118-62.

JAUSS, Hans Robert. *A História da Literatura como Provocação à Teoria Literária*. São Paulo: Ática, 1994.

JOBIM, José Luís. "História da Literatura". In: *Palavras da Crítica; Tendências e Conceitos no Estudo da Literatura*. Rio de Janeiro: Imago, 1992, p. 127-49.

_____. "O Trabalho Teórico na História da Literatura". In: *As Formas da Teoria; Sentidos, Conceitos, Políticas e Campos de Força nos Estudos Literários*. Rio de Janeiro: Caetés, 2002, p. 117-32.

_____. "Literatura, Horizonte e História". In: *Formas da Teoria; Sentidos, Conceitos, Políticas e Campos de Força nos Estudos Literários*. Rio de Janeiro: Caetés, 2002, p. 133-47.

_____. "Narrativa e História". In: *Formas da Teoria; Sentidos, Conceitos, Políticas e Campos de Força nos Estudos Literários*. Rio de Janeiro: Caetés, 2002, p. 149-61.

KUSHNER, Eva. "Théorization de l'Histoire Littéraire". In: *Segundo Congresso Abralic; Literatura e Memória*

Cultural – Anais. Belo Horizonte: Abralic, 1991, vol. 1, p. 51-59.

LANSON, Gustave. "Prefácio [à *História da Literatura Francesa*]" [1894]. In: SOUZA, Roberto Acízelo de (org.). *Uma Ideia Moderna de Literatura; Textos Seminais para os Estudos Literários (1688-1922)*. Chapecó (SC): Argos, 2011, p. 590-96.

LIMA, Luiz Costa. "A Estabilidade da Noção de História da Literatura no Brasil". In: JOBIM, José Luís et al. (org.). *Sentidos dos Lugares*. Rio de Janeiro: Abralic, 2005, p. 52-58.

_____. *História/Ficção/Literatura*. São Paulo: Companhia das Letras, 2006.

MACHADO, Diogo Barbosa. "Prólogo". In: *Biblioteca Lusitana; Histórica, Crítica e Cronológica*. Lisboa Ocidental: Oficina de Antônio Isidoro da Fonseca, 1741, vol. 1, p. 3-34.

MARROU, Henri-Irénée. *História da Educação na Antiguidade*. [1948] São Paulo: EPU/Edusp, 1973.

MELLO, Evaldo Cabral de. "Historiadores no Confessionário". *Folha de S. Paulo*, caderno Mais!, São Paulo, 24 dez. 2000, p. 18-21.

MENÉNDEZ PELAYO, Marcelino. "Um Programa para o Estudo da Literatura Espanhola" [1878]. In: SOUZA, Roberto Acízelo de (org.). *Uma Ideia Moderna de Literatura; Textos Seminais para os Estudos Literários (1688--1922)*. Chapecó (SC): Argos, 2011, p. 567-72.

MOISAN, Clément. *Qu'est-ce que l'Histoire Littéraire?* Paris: Presses Universitaires de France, 1987.

MONTEIRO, Adolfo Casais. "Problemas da História Literária". In: *Clareza e Mistério da Crítica*. Rio de Janeiro: Fundo de Cultura, 1961, p. 101-34.

NEMOIANU, Virgil. "Literary History: Some Roads Not (Yet) Taken". In: BROWN, Marshal (ed.). *The Uses of Literary History*. Durham-London: Duke University Press, 1995, p. 13-33.

NIELSEN, Kai. "Historicism". In: AUDI, Robert (ed.). *The Cambridge Dictionary of Philosophy*. [1995] Cambridge: Cambridge University Press, 2005, p. 386.

NUNES, Benedito. "Historiografia Literária do Brasil". In: *Crivo de Papel*. Rio de Janeiro: Fundação Biblioteca Nacional; Mogi das Cruzes (SP): Universidade de Mogi das Cruzes; São Paulo: Ática, 1998, p. 205-46.

OLINTO, Heidrun (org.). *Histórias de Literatura; As Novas Teorias Alemãs*. São Paulo: Ática, 1996.

PARAIN, Charles. "Estruturalismo e História". In: MOULOUD, Noël et al. *Estruturalismo e Marxismo*. [1967] Rio de Janeiro: Zahar, 1968, p. 66-87.

PATTERSON, Lee. "Literary History". In: LENTRICCHIA, Frank e MCLAUGHLIN, Thomas (ed.). *Critical Terms for Literary Studies*. Chicago: The University of Chicago Press, 1995, p. 250-62.

PECK, John e COYLE, Martin. "New Historicism". In: *Literary Terms and Criticism; New Edition*. [1984] London: MacMillan, 1993, p. 182-85.

PENNA, Lincoln de Abreu. "Metodologia do Conhecimento Histórico". *Legenda*; Revista da Faculdade Notre Dame. Rio de Janeiro, vol. 2, 1978, p. 93-97.

PERKINS, David. *Is Literary History Possible?* Baltimore: The Johns Hopkins University Press, 1993.

_____. "Some Prospects for Literary History". In: BROWN, Marshal (ed.). *The Uses of Literary History*. Durham-London: Duke University Press, 1995, p. 63-69.

PERRONE-MOISÉS, Leyla. "História Literária e Julgamento de Valor". In: *Altas Literaturas; Escolha e Valor na Obra Crítica de Escritores Modernos*. São Paulo: Companhia das Letras, 1998, p. 19-60.

PINHEIRO, Joaquim Caetano Fernandes. *Postilas de Retórica e Poética*. Rio de Janeiro: B. L. Garnier, [1872].

_____. *Historiografia da Literatura Brasileira; Textos Inaugurais [1852-1873]*. Organização, apresentação e notas de Roberto Acízelo Quelha de Souza. Rio de Janeiro: Eduerj, 2007.

QUINTILIANO, M. Fábio. *Instituições Oratórias*. Trad. Jerônimo Soares Barbosa. São Paulo: Cultura, 1944. 2 vol.

RICE, Philip e WAUGH, Patricia (eds.). "Section Four: New Historicism". In: *Modern Literary Theory; A Reader*. London: Edward Arnold, 1992, p. 259-308.

RODÓ, José Enrique. "O Ensino da Literatura" [1908]. In: SOUZA, Roberto Acízelo de (org.). *Uma Ideia Moderna de Literatura; Textos Seminais para os Estudos Literários (1688-1922)*. Chapecó (SC): Argos, 2011, p. 602-05.

ROMERO, Sílvio. "Prólogo" da Primeira Edição. In: *História da Literatura Brasileira*. Org. Luiz Antonio Barreto. [1888] Rio de Janeiro: Imago; Aracaju: Universidade Federal de Sergipe, 2001, vol. 1, p. 37-51.

_____. "Quadro Sintético da Evolução dos Gêneros na Literatura Brasileira" [1911]. In: *História da Literatura Brasileira*. Organização e prefácio de Nélson Romero. Rio de Janeiro: José Olympio, 1954, vol. 5, p. 1963-88.

RORTY, Richard. "Professionalized Philosophy and Transcendentalist Culture". In: *Consequences of Pragmatism; Essays (1972-1980)*. [1982] Minneapolis: University of Minnesota Press, 1991, p. 60-71.

SCHULTZ, Franz. "El Desenvolvimiento Ideológico del Método de la Historia Literaria". In: ERMATINGER, E. et al. *Filosofía de la Ciencia Literaria*. [1930] México: Fondo de Cultura Económica, 1946, p. 3-47.

SELDEN, Raman. "New Historicism". In: *A Reader's Guide to Contemporary Literary Theory*. Lexington: The University Press of Kentucky, 1989, p. 103-10.

SPITZER, Leo. "Lingüística e Historia Literaria" [1948]. In: *Lingüística e Historia Literaria*. [1955] Madrid: Gredos, 1968, p. 7-53.

SOUZA, Roberto Acízelo de. "Apêndice I: Programas de Ensino do Colégio Pedro II/Ginásio Nacional (1850-1900)".

In: *O Império da Eloquência; Retórica e Poética no Brasil Oitocentista*. Rio de Janeiro: Eduerj; Niterói (RJ): Eduff, 1999, p. 157-97.

_____. "Ao Raiar da Literatura Brasileira: Sua Institucionalização no Século XIX". In: *Introdução à Historiografia da Literatura Brasileira*. Rio de Janeiro: Eduerj, 2007, p. 11-27.

TAINE, Hippolyte. "Introdução" [à *História da Literatura Inglesa*] [1863]. In: SOUZA, Roberto Acízelo de (org.). *Uma Ideia Moderna de Literatura; Textos Seminais para os Estudos Literários (1688-1922)*. Chapecó (SC): Argos, 2011, p. 528-43.

THE BERNHEIMER REPORT [1993]. In: BERNHEIMER, Charles (ed.). *Comparative Literature in the Age of Multiculturalism*. Baltimore/London: The Johns Hopkins University Press, 1995, p. 39-48.

TODOROV, Tzvetan. "História da Literatura". In: DUCROT, Oswald e TODOROV, Tzvetan. *Dicionário das Ciências da Linguagem*. [1972] Lisboa: Dom Quixote, 1973, p. 181-85.

TYNIANOV, Jan. "Da Evolução Literária" [1927]. In: TOLEDO, Dionísio (org.). *Teoria da Literatura; Formalistas Russos*. Porto Alegre: Globo, 1971, p. 105-18.

_____ e JAKOBSON, Roman. "Os Problemas dos Estudos Literários e Linguísticos" [1928]. In: TOLEDO, Dionísio (org.). *Teoria da Literatura; Formalistas Russos*. Porto Alegre: Globo, 1971, p. 95-97.

UNAMUNO, Miguel de. "Sobre a Erudição e a Crítica" [1905]. In: SOUZA, Roberto Acízelo de (org.). *Uma Ideia Moderna de Literatura; Textos Seminais para os Estudos Literários (1688-1922)*. Chapecó (SC): Argos, 2011, p. 596-602.

VEYNE, Paul. *Como se Escreve a História/Foucault Revoluciona a História*. [1971/1978] Brasília: Ed. Universidade de Brasília, 1982.

WELLEK, René. "A Crise da Literatura Comparada" [1959]. In: *Conceitos de Crítica*. São Paulo: Cultrix, s. d., p. 244-55.

_____. "Teoria, Crítica e História Literária" [1963]. In: *Conceitos de Crítica*. São Paulo: Cultrix, s. d., p. 13-28.

_____. "Termo e Conceito de Crítica Literária" [1963]. In: *Conceitos de Crítica*. São Paulo: Cultrix, s. d., p. 29-41.

_____. "Conceito de Evolução em História Literária" [1963]. In: *Conceitos de Crítica*. São Paulo: Cultrix, s. d., p. 42-55.

_____ e WARREN, Austin. "Teoria Literária, Criticismo Literário e História Literária". In: *Teoria da Literatura*. [1949] Lisboa: Europa-América, 1962, p. 47-55.

_____. "Literatura Geral, Literatura Comparada e Literatura Nacional". In: *Teoria da Literatura*. [1949] Lisboa: Europa-América, 1962, p. 57-66.

_____. "História Literária". In: *Teoria da Literatura*. [1949] Lisboa: Europa-América, 1962, p. 319-40.

WHITE, Hayden. "The Question of Narrative in Contemporary Historical Theory" [1984]. In: *The Content of the Form; Narrative Discourse and Historical Representation*. Baltimore/London: The Johns Hopkins University Press, 1990, p. 26-57.

WIMSATT, JR., William e BROOKS, Cleanth. "Ideias Alemãs". In: *Crítica Literária; Breve História*. [1957] Lisboa: Fundação Calouste Gulbenkian, 1971, p. 437-59.

_____. "O Método Histórico: Uma Retrospectiva". In: *Crítica Literária; Breve História*. [1957] Lisboa: Fundação Calouste Gulbenkian, 1971, p. 625-58.

WITTE, Bernd. "La Naissance de l'Histoire Littéraire dans l'Esprit de la Révolution; Le Discours Esthétique chez Schlegel, Hegel, Gervinus et Rosenkranz". In: ESPAGNE, Michel e WERNER, Michael (dir.). *Philologiques I; Contribution à l'Histoire des Disciplines Littéraires en France et en Allemagne au XIXe. Siècle*. Paris: Fondation de la Maison des Sciences de l'Homme, 1990, p. 69-87.

WITTGENSTEIN, Ludwig. *Tractatus Logico-Philosophicus*. [1921] São Paulo: Companhia Editora Nacional/ Edusp, 1968.

ZILBERMAN, Regina. "Teoria da Literatura, Universidade e Sujeito da Enunciação". In: JOBIM, José Luís et al. (org.). *Lugares dos Discursos Literários e Culturais*. Niterói (RJ): Eduff, 2006, p. 264-86.

ÍNDICE ANALÍTICO

Belas-letras, 122
Bíblia, 20, 120
Bibliografia, 51, 55, 116
Biblioteca, 51, 79
Biografia, 12, 55, 79
Crítica, 18-23, 27, 30, 32, 34-37, 43, 56-59, 61, 71, 93-94, 112-13, 117-18
Crítica feminista, 112, 115, 117
Crítico, 17-18, 21, 56, 94
Eloquência, 113
Ensino, 9, 17, 32-33, 38-39, 43, 46-47, 61, 69, 86-89, 104, 113
Estética, 21, 46, 113-14
Estética da recepção, 67
Estilística, 63, 114, 117, 123, 126
Estudos culturais, 30, 34-37, 66, 68-70, 104, 106, 112, 115, 122, 127
Estudos literários, 9, 11, 17-18, 22-23, 25-26, 30-31, 33-34, 37-38, 40-41, 43, 45, 49, 51, 54-55, 57, 61-62, 64, 66, 68-69, 85-86, 92-95, 98, 100-01, 103, 107-08, 110, 112-13, 115-18, 121, 123, 125, 127
Filologia, 18, 37, 39, 51, 55, 58, 61, 71, 115-16
Filólogo, 17-18
Filosofia, 20-21, 53, 62, 64, 71, 109, 113-14, 119-20, 124
Formalismo, 31, 46, 63, 66, 114, 116, 121, 123, 126
Gay/Lesbian Studies, 35, 115, 117, 127
Gênero (literário ou do discurso), 19, 30, 39, 57, 60, 63, 74, 95, 108, 112, 120-23, 126
Gênero (masculino/feminino), 34, 49, 66, 115
Gramática, 17-18, 21, 37-39, 51, 112, 116-19, 124-25
Gramático, 17-18, 56, 118
História, 12, 14-15, 35-43, 53-55, 58-59, 62-64, 67, 71, 92-95, 100, 106, 109
História da literatura, 9-15, 25-26, 31, 35, 43-46, 51-52, 54-71, 74-78, 86-87, 89, 92, 97-100, 103-10, 116, 118-19, 125
História literária, 10, 12-15, 23-27, 29-30, 32, 36-37, 43, 46-47, 61, 75, 84, 87, 89, 104-07, 109, 122-23, 126
Historicismo, 24, 28, 62, 67, 70-71, 83, 101-02, 119, 123-24

Historiografia, 13, 15, 73-74, 88-89, 111
Humanidades, 48, 55, 91, 111, 119, 123
Interdisciplinaridade, 91-92, 119
Letras, 9, 18, 33, 40-41, 48-49, 57, 87, 89-90, 95, 104, 106, 120-22
Literariedade, 29, 32, 47, 49, 65, 117, 121
Literatura, 10, 12, 15, 21, 28, 32-37, 48-49, 56-57, 60-63, 65, 67-71, 76, 79, 82-83, 87-90, 92-95, 98-101, 103-05, 107-10, 112, 115, 117-22, 125-26
Literatura comparada, 27-29, 37, 122, 127
Materialismo cultural, 67, 123
Multidisciplinaridade, 71
New criticism anglo-norte--americano, 31, 63, 114, 117, 123, 126
Novo historicismo, 67, 123
Pluridisciplinaridade, 71
Poética, 18, 21, 25, 37, 39-40, 43, 51, 55, 57, 87, 101, 112, 116, 124-26
Psicologia, 22, 55, 58, 61-62, 71, 112
Retórica, 17-18, 21, 25, 30, 37, 39-40, 43, 51, 55, 57, 87, 102, 112-13, 116, 119, 124-26
Retórico, 17, 125
Semiologia, 64
Semiótica, 64
Sistema educacional, 33
Sociologia, 22, 36, 55, 58, 61, 71, 112
Teoria da literatura, 22, 29-35, 37, 46-47, 63, 65-66, 69-70, 90, 98-99, 104-09, 115, 117, 119, 122-23, 125-26
Teoria pós-colonial, 115, 127
Teoria *queer*, 115, 127
Transdisciplinaridade, 36, 71

ÍNDICE ONOMÁSTICO

Abreu, Capistrano de, 85
Abreu, Casimiro de, 81
Adet, Emílio, 80
Alvarenga, Silva, 81
Amora, Antônio Soares, 33
Araripe Júnior, 85
Aristóteles, 19, 25, 101-02, 116, 124
Assis, Machado de, 85
Auerbach, Erich, 26, 51, 59
Bakhtin, Mikhail, 64
Barbosa, Januário da Cunha, 26-27, 44
Barthes, Roland, 39, 70
Beneditinos da Congregação de St. Maur, 51
Bernheimer, Charles, 29
Boechat, Maria Cecília, 84
Bourdé, Guy, 20
Bouterwek, Friedrich, 76
Brandão, Ambrósio Fernandes, 82
Bunge, Mario, 109
Cabral, Alfredo do Vale, 82
Cabral, João, 47
Candido, Antonio, 11, 27, 44
Carpeaux, Otto Maria, 52
Carré, Jean-Marie, 28
Carvalho, Francisco Freire de, 25
Castro, José de Gama e, 77
Cícero, 25
Collingwood, R. G., 54
Compagnon, Antoine, 14-15, 34
Costa, Cláudio Manuel da, 76
Coutinho, Afrânio, 44
Cruz, Estêvão, 33
Curtius, Ernst Robert, 118
Denis, Ferdinand, 77-78
Derrida, Jacques, 64
De Sanctis, Francesco, 10
Dias, Gonçalves, 81
Dionísio Trácio, 19, 118
Durão, José de Santa Rita, 81, 87
Eagleton, Terry, 99, 100-01
Foucault, Michel, 64, 74
Freire, Luís José Junqueira, 25
Gama, José Basílio da, 81
Gama, Miguel do Sacramento Lopes, 25
Garrett, 76
Gervinus, Georg Gottfried, 23
Gonzaga, Tomás Antônio, 81
Gumbrecht, Hans Ulrich, 73-74
Guyard, Marius François, 28
Herculano, Alexandre, 77

Honorato, Manuel da Costa, 25, 42
Horácio, 125
Jauss, Hans Robert, 62, 97, 99-100, 106
Kuhn, Thomas S., 64
La Harpe, Jean-François de, 61
Lanson, Gustave, 11, 13-14, 61
Leal, Antônio Henriques, 81
Lima, Luiz Costa, 92, 97-100
Lispector, Clarice, 47
Machado, Diogo Barbosa, 26, 59, 75, 79, 85
Magalhães, Gonçalves de, 44, 81, 84
Magne, Augusto, 33
Marrou, Henri-Irénée, 19, 38, 41, 43
Martin, Hervé, 20
Matos, Gregório de, 82
Melo, Antônio Joaquim de, 81
Melo, Dutra e, 84
Miranda, José Américo, 27, 84
Morais Filho, Melo, 80
Mota, Artur, 44
Norberto, Joaquim, 44, 80-81, 83
Paranhos, Haroldo, 44
Peirce, Charles Sanders, 64
Peixoto, Alvarenga, 81
Penna, Lincoln de Abreu, 53
Perié, Eduardo, 77
Pinheiro, Fernandes, 24, 44, 80, 82, 88
Pontes, Antônio Marciano da Silva, 25
Potebnia, Alexander, 31
Quintiliano, 25, 102, 125
Rabelo, Laurindo, 81
Reis, Francisco Sotero, 44, 82-83
Ribeiro, João, 44
Ribeiro, Santiago Nunes, 81
Rocha, Justiniano José da, 7, 84
Rodó, José Enrique, 30-33
Rodríguez Mohedano, Pedro, 52
Rodríguez Mohedano, Rafael, 52
Romero, Sílvio, 9, 27, 44, 45, 76, 85-86, 89
Rorty, Richard, 32
Rosa, Guimarães, 47
Salvador, Vicente do, 82
Saussure, Ferdinand de, 62
Schlichthorst, Carl, 77
Selden, Raman, 68
Silva, Antônio José da, 76
Silva, Pereira da, 80-81
Sismondi, Simonde de, 76
Soares, Macedo, 84
Sodré, Nelson Werneck, 44
Sousa, Eudoro de, 19, 102, 116
Sousa, Gabriel Soares de, 82
Souza, Roberto Acízelo de, 7-8, 30, 43, 82, 84, 88
Strawson, Peter Frederic, 64
Taine, Hippolyte, 11
Tiraboschi, Girolamo, 51
Tomachevski, Boris, 31
Valera, Juan, 77
Varnhagen, Francisco Adolfo, 80-81
Veríssimo, José, 85-86
Warren, Austin, 31, 33
Wellek, René, 20, 28, 31, 33, 57
White, Hayden, 64
Wittgenstein, Ludwig, 64, 110
Wolf, Ferdinand, 78, 88
Zilberman, Regina, 23

Conheça outros títulos da Biblioteca Humanidades

Esse livro apresenta as normas que devem ser seguidas na sistematização de técnicas de estudo, pesquisa e preparação de trabalhos acadêmicos. Quem assimilar seu conteúdo terá mais facilidade para planejar e redigir um ensaio e entender os aspectos mecânicos do processo, para que possa se concentrar melhor no plano criativo, o da elaboração conceitual. Saberá conceber e formalizar um projeto de pesquisa e, ao elaborar projetos, conseguirá definir com clareza a fundamentação metodológica e a teórica necessária aos bons projetos.

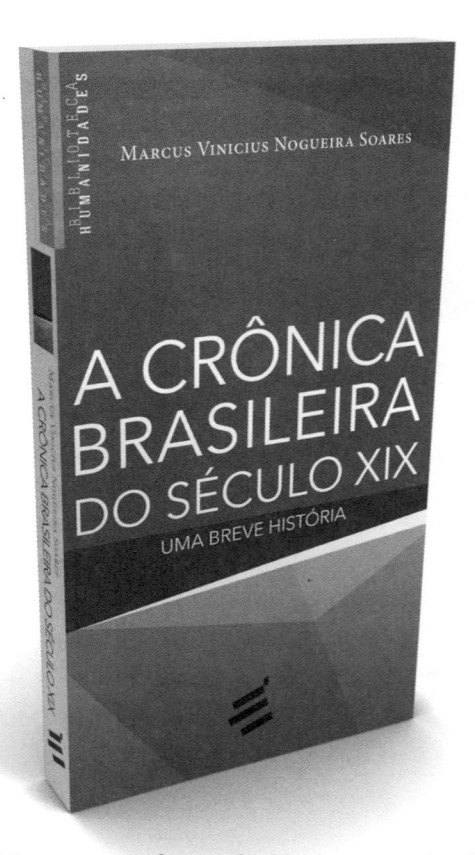

Livro único no campo dos estudos literários, essa obra fornece o mais completo panorama da história do gênero da crônica no Brasil. Trata-se de uma referência indispensável para pesquisadores das áreas de Letras, História e Comunicação, assim como para o público em geral interessado no gênero da crônica – um dos mais populares na literatura brasileira.

facebook.com/erealizacoeseditora   twitter.com/erealizacoes   instagram.com/erealizacoes

youtube.com/editorae   issuu.com/editora_e   erealizacoes.com.br

atendimento@erealizacoes.com.br